Michael Schäfers

Wie Papst Franziskus Politik macht

Zur Sozialenzyklika „Laudato si"

Illustriert mit künstlerischen Arbeiten von Mechthild Hartmann-Schäfers

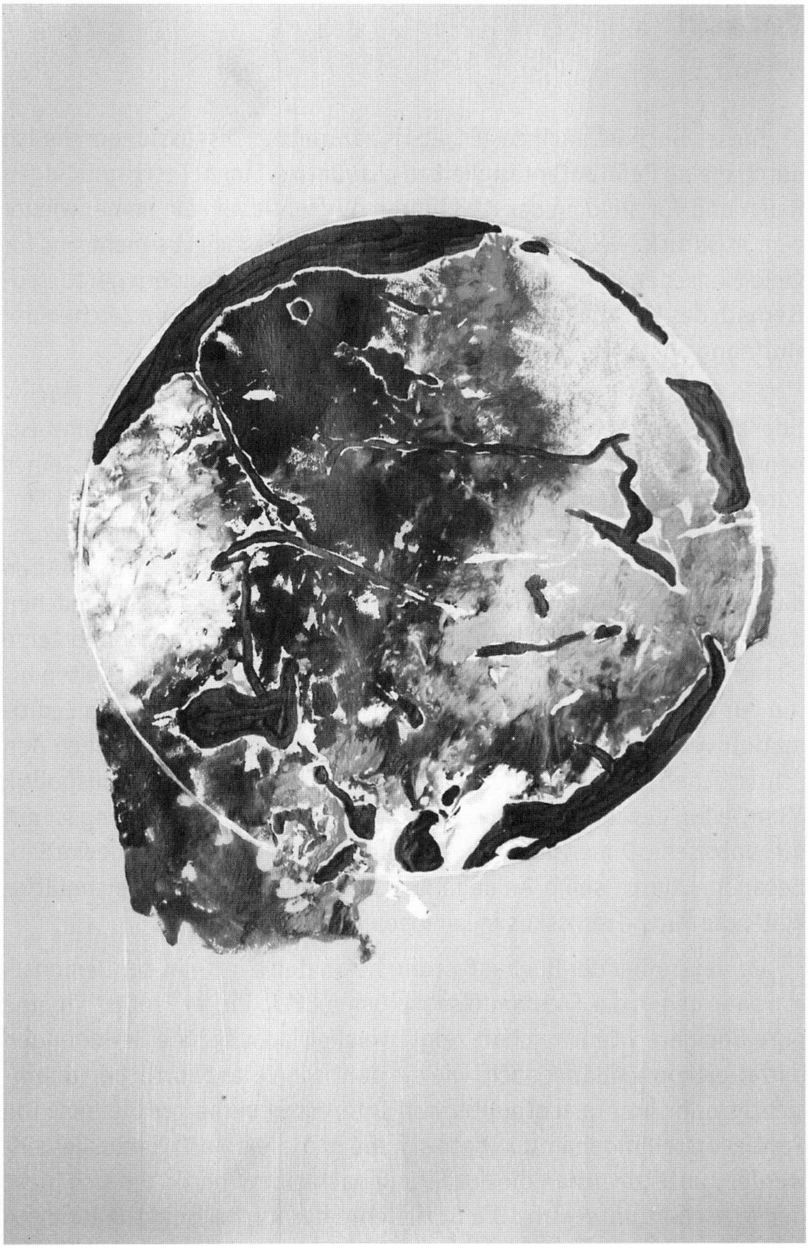

„Die Erde läuft aus" | Druck/Zeichnung | 2016

Vorwort

Dieses Buch ist auch das Ergebnis zahlreicher Diskussionen, die ich durch meine Referententätigkeit zu „Laudato si" im deutschsprachigen Raum und vor allem in der KAB führen durfte. Dabei kam immer wieder zum Ausdruck, welches hohes Ansehen Papst Franziskus nicht nur für viele Menschen innerhalb der katholischen Kirche, sondern gerade außerhalb des kirchlichen Milieus genießt. Für viele ist er ein Zeichen der Hoffnung auf eine gerechtere und solidarischere Welt.

Ein Großteil des Buches ist im Zeitraum der sogenannten „Flüchtlingskrise" entstanden, die ja keine Krise der Flüchtlinge war und ist, sondern die eines Europas der Abschottung und Inhumanität, eines Europas, das Not und Elend an den Außengrenzen - im wahrsten Sinne des Wortes - einzuzäunen versucht und die Genfer Flüchtlingskonvention nicht einhält. Der Aussage der Bundeskanzlerin „Wir schaffen das..." haben zehntausende Helferinnen und Helfer ein „Wir machen das!" folgen lassen. Die Reise des Papstes nach Lampedusa und seine klaren Aussagen haben den Menschen in ihrem Einsatz, nicht selten bis hin zur körperlichen Erschöpfung, Mut gemacht und politische Legitimation verschafft, gerade gegenüber Rechtspopulisten und auch den „christlichen" Kreisen, die mit einer rigorosen Abschottungspolitik Mehrheiten gewinnen wollen. In dieser aufgeladenen Stimmung ist mir die politische Dimension des Papstamtes erneut deutlich geworden, besonders durch seine Anklage der „Globalisierung der Gleichgültigkeit", die Papst Franziskus in Lampedusa anprangerte.

Der letzte Teil der Buchabfassung fiel in den Zeitraum der Demonstrationen gegen das Freihandelsabkommen CETA. Dieser Protest für eine faire und gerechte Wirtschaft zeigt, welche Macht soziale Bewegungen entfalten können, aber auch, wie die politisch Verantwortlichen uneinsichtig und ihren machtpolitischen Interessen verhaftet bleiben. Die Politikvorstellungen in „Laudato si", die in diesem Buch herausgestellt werden, unterstreichen die Forderung nach einer Politik, die sich nicht der Wirtschaft unterwirft. Die Soziallehre der Kirche ist aktueller denn je.

Dieses Buch ist eine Gemeinschaftsproduktion von vielen. Meinem Bruder, Dietmar Schäfers, danke ich herzlich für die beigetragenen Korrekturen und Hinweise, die auch die Lesbarkeit des Textes verbessert haben. Meinem langjährigen Freund, Winfried Kock, sage ich herzlichen Dank für die professionelle Gestaltung und die Druckvorbereitung dieses Buches, nicht zuletzt für seine Geduld. Meiner Frau, Mechthild Hartmann-Schäfers, gilt mein besonderer Dank ebenfalls für Korrekturen und zahlreiche Hinweise, aber vor allem für hitzige Diskussionen zu Aufbau und zentralen Thesen dieses Buch. Mein Dank gilt ihr auch für ihre künstlerischen Arbeiten, die in dieses Buch aufgenommen sind, denn: Bilder sagen oft mehr als Worte! Meinen Kindern danke ich für das Ertragen der „Papstlastigkeit" in den familiären Diskursen der letzten Monate.

Dieses Buch sei „in memoriam" meinem Freund und Lehrer Arno Klönne (1931 - 2015) gewidmet.

Frechen, im Dezember 2016

Inhalt

4 Vorwort

9 Moderne Häresie – Habemus papam!

9 Der moderne Häretiker: Papst Franziskus

9 Habemus papam!

12 „Evangelii gaudium“: Diese Wirtschaft tötet!

15 Reaktionen auf die moderne Häresie von Papst Franziskus: Wir sind nicht gemeint!

22 „Laudato si“ – Es schreit zum Himmel!

22 Zum Zustand der Welt: Beendet das Plündern!

24 Der Klimawandel schädigt vor allem die Armen!

25 Unser Lebensstil und die Verschleierung durch die Mächtigen: Die Klage der Armen und der Mutter Erde!

27 Wasser und Megastädte: Die Verschlechterung der Lebensqualität

29 Die ökologische Schuld der reichen Länder

30 Grenzen des Wachstums oder Wachsen muss, was den Armen nützt

33 Der Markt wird es nicht richten!

34 Ganzheitliche Ökologie: Alles hängt mit allem zusammen

37 Wie der Papst die Welt verändern will

37 Wie die Welt verändert werden kann: Politik von unten

38 Ein Blick zurück: Bewegungen in der Soziallehre der Päpste

43 „Laudato si“: Radikaler Ausdruck einer Sozialbewegung von unten

45 Die Kirche als „Hörerin des armen Volkes“ und Solidarität soll Geschichte schreiben!

48 Die „neue“ Subsidiarität: Nichts ohne die Bewegungen der Armen

49 Basisdemokratie: Der neue Weg der Kirche?

51 Ethik sozialer Bewegungen von unten – Verpflichtung auf das Gemeinwohl

54 Ohne starken Staat ist kein Gemeinwohl zu machen!

57 No Governance! Für das Primat der Politik!

59 „Ich sehe schon die neue Stadt...“

59 Eine bewohnbare Stadt aufbauen – Wie Papst Franziskus die Zukunft der Stadt gestalten will

61 Die Stadt in „Evangelii gaudium“

63 „Laudato si“: Was bedroht das „gute Leben“ in der Stadt heute?

65 Spaltung und Segregation der Stadt

66 Von der desintegrativen zur bewohnbaren Stadt

68 In der Stadt „Zuhause-Sein“

70 Das Recht auf eine „soziale“ Stadt

73 Der „blinde Fleck“ – Die ökologische Arbeit!?

73 Arbeit, Arbeit, Arbeit… über alles!?

74 Ein Blick zurück: „Laborem exercens“ von 1981

75 „Laudato si“: Jesus war grün!

77 Arbeit schützen - ökologisch arbeiten

82 „In der Gemeinschaft der Engel ist aller Besitz gemein“, aber so weit ging der Papst nicht…

82 Eigentum – neu akzentuiert: Zur Aufwertung der Gemeingüter

83 Bis heute: Thomas von Aquin und die Tradition der Soziallehre der Kirche

84 „Laudato si“: Auf dem Fundament der Tradition der Eigentumslehre

86 Die Umwelt als kollektives Gut

88 Vorrang der Widmung der Erdengüter an alle – Aber kein „Reich der Engel“!

92 Reaktionen – und ist der Papst Marxist?

92 USA: Ökoenzyklika des Kommunisten im Vatikan?

98 Deutschland: Kritikwiederholung und Lobgesänge

100 Ist Papst Franziskus Marxist?

102 Hernando de Soto: Der redende (gute) und der schreibende (marxistische) Papst

110 Typisch Franziskus!? – Eine Würdigung und Zwischenbilanz

110 Was ist neu? – Zum Kairos von „Laudato si“

112 Enzyklika der „nachholenden Entwicklung“ und der offenen Parteinahme

116 Eine Zwischenbilanz zur „Wirkungsgeschichte“ von „Laudato si“

119 Politik machen mit „Laudato si“: Die UN-Klimakonferenz in Paris und der Vatikan

131 Anhang

132 Anmerkungen

144 Literatur

150 Kunstwerke in diesem Buch – über die Künstlerin

151 Impressum

151 Fotos/Gestaltung

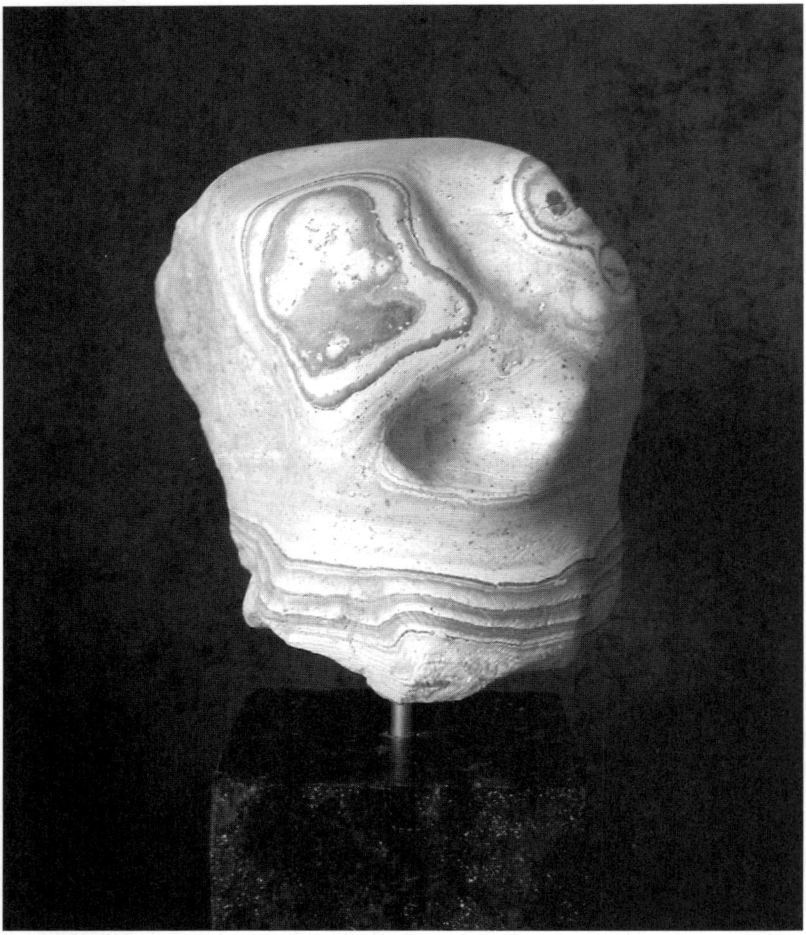

„Ruf nach Wasser" | afrikanischer Serpentin | 2014

Kapitel 1:

Moderne Häresie – Habemus papam!

„Schon eine partielle Ablehnung des kräftig vermarkteten Angebots multinationaler Konzerne gilt als technikfeindlich. Wer die jetzigen, in Wirklichkeit unbeständigen und unhaltbaren Verhältnisse nicht als unvermeidlich und unabänderlich begreift, begeht eine moderne Häresie."

Jonathan Crary[1]

Der moderne Häretiker: Papst Franziskus

Kapitalismuskritik hat Hochkonjunktur.[2] Das ist gut so, denn ohne tiefe Einschnitte und ein Umsteuern in unserem wirtschaftlichen Handeln werden wir die Probleme nicht nur nicht meistern, sondern verschärfen. Hinzu kommt: Die Zeit wird knapp. Der Klimawandel etwa steht nicht vor unserer Tür, sondern wir stehen bereits mitten in ihm. Extremwetterlagen nehmen zu und sind die Boten der globalen Überhitzung des fossilen Zeitalters.

Die Beherrschbarkeit des Klimawandels ist längst nicht mehr die Frage, sondern nur noch der Umgang mit ihm.

Ob wir das „Zwei-Grad-Ziel" als Erwärmungsgrenze bis zum Ende dieses Jahrhunderts noch werden halten können, ist bereits jetzt mehr als fraglich, denn die „Selbstverbrennung"[3] schreitet unaufhaltsam fort. Deshalb braucht es mehr „moderne Häresie".

Habemus papam!

Einer der großen modernen Häretiker wird am 13.März 2013 gegen den Willen des römischen Kurienapparats auf den Stuhl Petri gewählt: Papst Franziskus. Die Umstände seiner Wahl beleuchten bereits die Streitlinien und Lager innerhalb des Kardinalskollegiums, die in seinem bisherigen Pontifikat immer deutlicher zutage treten.

Im fünften Wahlgang wird Jorge Mario Bergoglio an diesem Märztag des Jahres 2013 zum Papst gewählt. Er wird zur endgültigen Niederlage für den römischen Kardinalsapparat. Die Stimmenzahl ist eindeutig. Nur die knapp 30 Kurienkardinäle wählen ihn nicht. Eine der schnellsten Papstwahlen in der Neuzeit ist zu Ende. Jorge Mario Bergoglio nimmt die Wahl an und ist der 266. Papst der römisch-katholischen Kirche, der erste Lateinamerikaner und Jesuit auf dem Stuhl Petri. In der Sixtinischen Kapelle brandet Applaus auf. Bergoglio umarmt den neben ihm sitzenden emeritierten Erzbischof von Sao Paulo und früheren Präfekten der Kongregation für den Klerus, Kardinal Claudio Hummes, der ihm zuflüstert: „Vergiss die Armen nicht!“ Bergoglio berichtete später weiter: „Und da setzte sich dieses Wort in mir fest; die Armen, die Armen. Dann sofort habe ich in Bezug auf die Armen an Franz von Assisi gedacht.“ Das Oberhaupt der Kardinäle, Kardinal Giovanni Battista Re, fragt Bergoglio nach dem Namen des neuen Papstes. Bergoglio antwortet: Franziskus. Erneut applaudieren die Kardinäle, die Kurienkardinäle verhalten. Ihnen ist klar: Mit diesem Papst bricht für Rom und ihren Lebensstil ein neues Zeitalter an.

Ab jetzt werden die Evangelisierung der Armen und die Wirtschaftskritik das Programm des Stuhls Petri bestimmen.

Papst Franzskus will eine bescheidene, eine den Opfern ihre Stimme gebende und leihende Kirche, eine prophetische Kirche. Eine prophetische Kirche hat für Papst Franzskus genuin eine dienende Funktion: Sie steht im Dienst der Anklage der „Strukturen der Sünde“, die die Opfer produzieren, und im Dienst für die Opfer selbst, denen Befreiung und Menschenwürde geschaffen werden müssen. Auch die Sozialenzyklika „Laudato si“ gut zwei Jahre später wird davon künden.

Der neu gewählte Papst macht an diesem 13. März 2013 schon wenige Minuten später ernst durch einen symbolischen Akt. Er, der die Evangelisierung der Armen und eine arme, dienende Kirche will, setzt ein unmissverständliches Zeichen, das in die ganze Welt hinausgeht, Maßstäbe setzend, unwiederbringlich. Es brennt sich ein in Millionen von Zuschauern an den TV-Geräten in aller Welt. Was für die Zeremonienmeister des Vatikans einer Lästerung der römischen Ordnung, ja der Blasphemie nahekommt, wird für Papst Franziskus zum Aufruf an alle Menschen, sich der Macht zu entledigen und stattdessen dienend, evangelisierend tätig zu werden. Ohne roten Überwurf, ohne Segensstola, die er nur zum Segen anlegt, ohne das vergoldete päpstliche Brustkreuz, nicht in Prada-Schuhen, sondern in seinen einfachen Straßenschuhen wendet sich Papst Franziskus an das Volk von Rom: „Liebe Brüder und Schwestern. Guten Abend. Ihr wisst, dass das Konklave entschieden hat, Rom einen neuen Bischof zu geben. Und es scheint, dass meine Brüder, die Kardinäle, bis ans Ende der Welt gegangen sind, um ihn zu holen. (...) Und ich wünsche mir, dass dieser Weg der Kirche, den wir heute beginnen, (...) ein fruchtbarer Weg sein wird für die Evangelisierung dieser wunderschönen Stadt. (...) Schlaft gut." Bis ans Ende der Welt, an die äußerste Peripherie sind sie gegangen, um den Papst zu finden. Zentrum und Peripherie sind die Koordinaten, die nachfolgend in den Absprachen und Schreiben des Papstes eine wichtige Rolle spielen, – Peripherie als Ende der Welt, der Ort, an dem die Armen und Ausgeschlossenen in ihrem Elend und ihrer Armut verbannt und sich selbst überlassen werden.

Nach der Zeremonie wartet vor dem Apostolischen Palast der S-Klasse-Mercedes, den Papst Benedikt einst geschenkt bekommen hatte. Papst Franziskus steigt nicht in die deutsche Nobelkarosse, er weigert sich einzusteigen, er geht zum bereitgestellten Bus und fährt gemeinsam mit den anderen Kardinälen. Kardinalstaatssekretär Bertone steigt alleine in die Dienstlimousine und wird zu seinen Gemächern chauffiert.

Auf dem Petersplatz ruft die Menge weiter: Francesco! Bergoglio! Der Mann aus der Peripherie setzt erste Zeichen, die erahnen lassen, welche Richtung der neu gewählte Papst einschlagen wird.

Seine erste Reise unternimmt Papst Franziskus am 08. Juli 2013 an die Peripherie Italiens, zur Flüchtlingsinsel Lampedusa. In seiner Predigt wendet er sich gegen die Herzlosigkeit, die eigene Schwester und den eigenen Bruder in ihren Nöten nicht mehr zu sehen, und er führt bereits ein elementares Schlüsselthema seines Pontifikats aus: „Die Kultur des Wohlergehens, die uns an uns selber denken lässt, macht uns unsensibel für die Schreie der anderen, sie lässt uns in Seifenblasen leben, die zwar schön sind, aber nichtig, die eine Illusion des Unbedeutenden sind, des Provisorischen, die zur Gleichgültigkeit dem Nächsten gegenüber führt und darüber hinaus zur einer weltweiten Gleichgültigkeit! Von dieser globalisierten Welt sind wir in die globalisierte Gleichgültigkeit gefallen! Wir haben uns an das Leiden des Nächsten gewöhnt, es geht uns nichts an, es interessiert uns nicht, es ist nicht unsere Angelegenheit!"[4] Globalisierung der Gleichgültigkeit... Die Richtung für das erste Apostolische Schreiben des Papstes ist vorgezeichnet.

„Evangelii gaudium": Diese Wirtschaft tötet!

Ein weiterer Paukenschlag lässt dann nicht lange auf sich warten. Am 24. November 2013 veröffentlich Papst Franziskus das Apostolische Schreiben „Evangelii gaudium", dessen Hauptthemen die Verkündigung der Kirche und die Evangelisierung sind. Aber bei der Evangelisierung und den notwendigen Reformen für die katholische Kirche selbst lässt es der Papst nicht bewenden. Keine Evangelisierung, keine prophetische Kirche ohne klar zu sehen, in welcher Welt wir leben und was den Armen und Ausgeschlossenen schadet. In der Öffentlichkeit erregt vor allem seine Wirtschaftskritik heftige Gegenwehr.

Eine der provozierenden Passagen aus dem Apostolischen Schreiben lautet:

„Diese Wirtschaft tötet."

Es ist unglaublich, dass es kein Aufsehen erregt, wenn ein alter Mann, der gezwungen ist, auf der Straße zu leben, erfriert, während eine Baisse um zwei Punkte in der Börse Schlagzeilen macht. Das ist Ausschließung. Es ist nicht mehr zu tolerieren, dass Nahrungsmittel weggeworfen werden, während es Menschen gibt, die Hunger leiden. Das ist soziale Ungleichheit. Heute spielt sich alles nach den Kriterien der Konkurrenzfähigkeit und nach dem Gesetz des Stärkeren ab, wo der Mächtigere den Schwächeren zunichtemacht. Als Folge dieser Situation sehen sich große Massen der Bevölkerung ausgeschlossen und an den Rand gedrängt: ohne Arbeit, ohne Aussichten, ohne Ausweg. Der Mensch an sich wird wie ein Konsumgut betrachtet, das man gebrauchen und dann wegwerfen kann. Wir haben die ‚Wegwerfkultur' eingeführt, die sogar gefördert wird. Es geht nicht mehr einfach um das

Phänomen der Ausbeutung und der Unterdrückung, sondern um etwas Neues: Mit der Ausschließung ist die Zugehörigkeit zu der Gesellschaft, in der man lebt, an ihrer Wurzel getroffen, denn durch sie befindet man sich nicht in der Unterschicht, am Rande oder gehört zu den Machtlosen, sondern man steht draußen. Die Ausgeschlossenen sind nicht ‚Ausgebeutete', sondern Müll, ‚Abfall'."[5] Franziskus spitzt zu und macht damit provokant deutlich: „Die Ränder des Systems sind heute ein Bereich der Ausgrenzung."[6]

Hatte der führende Soziologe Ralf Dahrendorf noch Anfang der 1980er Jahre die Entstehung einer „neuen Unterklasse" der Arbeitslosen konstatiert, denen die Integration in den Arbeitsmarkt verweigert werde, geht Papst Franziskus einen Schritt weiter: Eine „Unterunterklasse" wird von einem ungerechten Wirtschaftssystem völlig ausgegliedert. Die Betroffenen stehen nicht mehr am Rande, werden nicht mal mehr ausgebeutet, sondern sind Ausgeschlossene, werden durch die „Wegwerfkultur" zu Sachen degradiert, zu Müll, zu Abfall gemacht. Es geht um eine völlige Ausschließung. Die Mechanismen dazu sind die Konkurrenz und der gnadenlose Wettbewerb. Die Mächtigen, die diese Mechanismen beherrschen, setzen nicht mehr auf Integration oder gar Ausbeutung, weisen also den Schwächeren noch irgendeinen „ausbeuterischen Nutzen" zu, sondern machen den Schwächeren zunichte, vernichten ihn, so wie Müll und Abfall vernichtet wird. Die Müllhalden an der Peripherie sind die Orte der Ausgeschlossenen, die selbst mit dem dort gelagerten Ausschuss der Wegwerfunkultur „identisch" sind. Nicht mal zur Ausbeutung taugen die Ausgeschlossenen mehr.

Deutlicher kann eine Kritik an der Wirtschaft nicht ausfallen: Sie tötet! Sie verurteilt zum Tode! Sie ist Ursache dafür, dass die Ausgeschlossenen näher am Tod leben müssen.

Und dann geht der Papst noch mit den „neoliberalen Wachstumstheoretikern" ins Gericht und erschüttert ihr Dogma des Wohlstands für alle durch Wachstum in den Grundfesten: „In diesem Zusammenhang verteidigen einige noch die ‚Überlauf'-Theorien (trickle-down theories), die davon ausgehen, dass jedes vom freien Markt begünstigte Wirtschaftswachstum von sich aus eine größere Gleichheit und soziale Einbindung in der Welt hervorzurufen vermag. Diese Ansicht, die nie von den Fakten bestätigt wurde, drückt ein undifferenziertes, naives Vertrauen in die Güte derer aus, die die wirtschaftliche Macht in Händen halten, wie auch auf die sakralisierten Mechanismen des herrschenden Wirtschaftssystems. Inzwischen warten die Ausgeschlossenen weiter. Um einen Lebensstil vertreten zu können, der die anderen ausschließt, oder um sich für dieses egoistische Ideal begeistern zu können, hat sich eine Globalisierung der Gleichgültigkeit entwickelt. Fast ohne es zu merken, werden wir unfähig, Mitleid zu empfinden gegenüber dem schmerzvollen Aufschrei der anderen, wir weinen nicht mehr angesichts des Dramas der anderen, noch sind wir daran interessiert, uns um sie zu kümmern, als sei all das eine uns fern liegende Verantwortung, die uns nichts angeht. Die Kultur des Wohlstands betäubt uns, und wir verlieren die Ruhe, wenn der Markt etwas anbietet, was wir noch nicht gekauft haben, während alle diese wegen fehlender Möglichkeiten unterdrückten Leben uns wie ein bloßes Schauspiel erscheinen, das uns in keiner Weise erschüttert."[7]

Die Mechanismen eines auf Wachstum programmierten Wirtschaftssystems werden „sakralisiert", werden mit der Würde des Heiligen ausgestattet, für heilig erklärt.

Die Wachstumsideologie als neue Religion, als Fetisch der Moderne.

Wohlstand für alle durch Wachstum stellt eine Täuschungstheorie dar, so der Papst weiter, die faktisch widerlegt ist und die Ausgeschlossenen in die „Wartezonen", in die „Opferzonen" einer tödlichen Wirtschaft abschiebt. Gegen diese Erkenntnisse immunisieren wir uns und konservieren unseren Lebensstil, indem wir der Gleichgültigkeit verfallen sind. Wir schauen weg, wo wir hinschauen müssten. Wir verdrängen nicht nur das Leid der anderen, sondern wir nehmen es nicht mehr wahr. Wir werden zu „Unerschütterlichen", zu Junkies der Wohlstandsbetäubung, aus deren Lethargie wir erst erwachen, wenn der Konsumrausch lockt. Um diesen zu befriedigen, vergöttern wir – wie Papst Franziskus nachfolgend herausstellt – das Geld und die Diktatur der Wirtschaft, der wir uns unterordnen und von der die Mächtigen profitieren: „Wir haben neue Götzen geschaffen. Die Anbetung des antiken goldenen Kalbs (vgl. Ex 32,1-35) hat eine neue und erbarmungslose Form gefunden im Fetischismus des Geldes und in der Diktatur einer Wirtschaft ohne Gesicht und ohne ein wirklich menschliches Ziel."[8]

Menschliche Ziele bleiben auf der Strecke. Dem Geld weisen wir übernatürlich Eigenschaften zu, verehren und beten es an und erheben es so zu einer krankhaften „Erlöserreligion“.

Wir unterwerfen uns der Diktatur der Wirtschaft, die alle Menschlichkeit und hehren und höheren Ziele des Menschen zur Makulatur macht. Diese Diktatur beruht auf sozialer Ungleichheit, die sowohl Voraussetzung als auch permanentes Ergebnis derselben ist.

Die soziale Ungleichheit führt früher oder später zu Gewalt, „die der Rüstungswettlauf nicht löst, noch jemals lösen wird.“[9] Den Zusammenhang zwischen einer Diktatur der Wirtschaft bzw. der Mächtigen und der Rüstung wird Papst Franziskus nachfolgend immer wieder zum Thema machen und die „Industrie des Todes“ geißeln.[10] Wir leben in einer nekrophilen Gesellschaft, einer Gesellschaft, die zum Tode „drängt“, weiter „drängt“, wenn es nicht zu einschneidenden Strukturveränderungen kommt. Noch scheint die Umkehr möglich...

Reaktionen auf die moderne Häresie von Papst Franziskus: Wir sind nicht gemeint!

Die Reaktionen auf das päpstliche Schreiben ließen natürlich nicht lange auf sich warten, denn allzu groß war die Provokation für die reichen Länder und vor allem für die Neoliberalen, die dem Glauben an den freien Markt als Allheilmittel und einem „schlanken Staat“ anhängen. Im Hinblick auf die Lage in Deutschland stellte die Redaktion der Zeitschrift „Christ in der Gegenwart“ fest: „Da hierzulande größere Bevölkerungsschichten von den menschengemachten Wirtschaftsstrukturen profitieren als anderswo, regt sich bei uns gegen die Kapitalismuskritik des Papstes stärkerer Widerwille.“[11] Das bringt gut auf den Punkt, weshalb auch unmittelbar nach „Evangelii gaudium“ eine so heftige Auseinandersetzung in Deutschland geführt wurde.

Der Papst traf den Nerv der deutschen Diskussion um die Zukunft eines Wirtschaftssystems, das nicht zukunftsfähig ist. Er hielt unserer menschenverachtenden Konsumkultur den Spie-

gel vor, brachte unser Unbehagen an uns selbst und auch an der reichen „Wirtschaftsmacht" Deutschland zum Ausdruck.

Ja, waren etwa mit den Profiteuren wir gemeint? Sind etwa wir die Gleichgültigen, die Unerschütterlichen, die wegsehen und die „Opferzonen" durch unser Wirtschaftssystem produzieren? Das kann doch, ja das darf doch nicht wahr sein!

So wird dem Papst eine empirische Unkenntnis der eigentlichen Entwicklungen zum Vorwurf gemacht, insbesondere seine Behauptung, dass die soziale Ungleichheit immer klarer zutage trete. Verwiesen wird dabei auf die weltweite Abnahme der Anzahl der sehr armen Menschen in den letzten Jahrzehnten, was die Ausführungen des Papstes und seine Dramatisierung der Situation wiederlege. Dass diese Abnahme zum überwiegenden Teil auf die Entwicklungen in China zurückzuführen ist, wird im Dunkeln gelassen. Christoph Schäfer von der FAZ referiert zum Abschluss seiner Kritik die Meinung von Wirtschaftswissenschaftlern, ohne diese allerdings zu benennen: „Auch die päpstliche These, wonach ‚die Ungleichverteilung der Einkommen die Wurzel der sozialen Übel ist', überzeugt Wirtschaftswissenschaftler nicht. Sie sehen in leistungsgerechter Entlohnung den wesentlichen Antrieb, der Wohlstand schafft und unsere Sozialsysteme erst bezahlbar macht."[12] Dass das Lohngefüge selbst bei uns nicht für einen sozialen Ausgleich sorgt, wird nicht problematisiert.

Eine „leistungsrechte Entlohnung" wird als Heilmittel und Antrieb in den Raum gestellt, ohne zu hinterfragen, was denn eine leistungsgerechte Entlohnung ist bzw. sein könnte, geschweige denn, ob sie existiert.

Dazu gibt es bekanntlich recht unterschiedliche Auffassungen und berechtigte Kritiken, etwa wenn der Lohn von Pflegekräften mit dem von Investmentbankern (die hauptsächlich Boni als „Leistungslohn" erhalten) in Relation gesetzt wird – vom gesellschaftlichen Nutzen der Arbeit als „Leistungskriterium" der Lohnfindung und des leistungsgerechten Lohns mal ganz abgesehen. Immunisierung des Bestehenden – und bei uns ist alles in Ordnung, so die Botschaft.

Robert Grözinger, ebenfalls FAZ-Redakteur, verweist auf die kapitalismustragenden Elemente des Christentums und sieht den Staat als denjenigen, der tötet, nämlich durch das Verschrecken von Investoren und die Festlegung von Mindestlöhnen, die Schwache aus dem produktiven Erwerbsleben ausschließen. Weiter: „Europa ist nicht nur die Kernregion des Christentums, sondern auch der Entstehungsort jener freien, kapitalistischen Marktwirtschaft, die heute für alle Übel der Welt verantwortlich gemacht wird, obwohl sie den größten, dauerhaftesten und am gerechtesten (weil ohne Zwang) verteilten Wohlstand hervorbringt – wenn man sie nur lässt“[13] – so das neoliberale Credo der Selbstheilungskräfte des Marktes und eines schlanken Staates, der sich aus allem heraushalten soll, allenfalls noch die Eigentumsrechte zu garantieren und zu verteidigen hat. Dass die Wohlstandsverteilung über eben jenen Staat zumindest auch ausgleichend (wenn auch nicht ausreichend), z. B. durch die Steuergesetzgebung, geleistet wird, durch einen Staat, den Grözinger (generell) für tödlich hält, wird völlig ausgeblendet – ebenso die Frage, auf wessen Kosten denn dieser „gerechteste“ verteilte Wohlstand weltweit geht. Ausgeblendet wird auch, dass die Reichen reicher, die Armen ärmer und in Folge dessen auch in Deutschland seit Jahren die Mittelschicht schrumpft.[14]

Schon die Steigerung „gerechteste“ muss skeptisch machen, wenn ein Referenzsystem nicht benannt wird. Die Zunahme der Armut und der sozialen Spaltung in Deutschlands und weltweit scheint ebenfalls kein Thema zu sein.[15] Ebenso die Verfestigung sozialer Strukturen und einer „Elitenherrschaft“, die die wirtschaftlichen und gesellschaftlichen Schlüsselpositionen weiterhin unter sich aufteilt, in Deutschland[16] und Europa.[17] Und wie steht es um die Zunahme der Vermögenskonzentration und die Polarisierung des Besitzes auch bei uns?[18] Ist diese Ausdruck von Leistungsgerechtigkeit? Oder um die tiefgreifende Spaltung des Arbeitsmarkes, die Ausweitung der prekären Beschäftigung und die weiterhin deutlich bessere Bezahlung der Männer gegenüber Frauen bei gleicher Leistung?[19] Alles Fehlanzeige, ausgeblendet, denn wir leben eben in der besten aller möglichen Welten – und damit basta!

So bleibt dann nur die Hoffnung, dass die Christen erkennen, dass die freie Marktwirtschaft der Ausdruck ihres Glaubens ist und die freie Marktwirtschaft eigentlich zum kirchlichen Dogma erhoben werden müsste. Grözinger: „Die Äußerungen des 266sten Papstes sind repräsentativ für die moderne Unkenntnis vieler Christen über die politische Ökonomie einer wirklich freien Marktwirtschaft und wie diese aus ihren Glaubensgrundsätzen erwächst. Innere Widersprüche halten aber nicht ewig. Es bleibt die Hoffnung, dass sich eines Tages wieder mehr Christen auf die unverzichtbaren, freiheitlichen Grundlagen ihres Glaubens besinnen werden."[20] Gut, dass der Papst als repräsentativ für viele Christen angesehen wird. Das tröstet.

Der Papst kann ja alles gemeint haben, er mag vieles zurecht kritisieren und manches mag auch zutreffend sein, aber nicht für uns in Deutschland, für unsere Marktwirtschaft, für die „soziale Marktwirtschaft", die bei uns herrscht und funktioniert.

Marc Beise meinte in der Süddeutschen Zeitung, der Papst rede doch wohl vom „Weltkapitalismus" und habe allenfalls bestimmte Machenschaften von Großkonzernen, etwa in afrikanischen Staaten, vor Augen. Der Papst schüre Ressentiments, „auch dort, wo die Dinge in Ordnung sind. Beispielsweise in Deutschland (...)."[21] Der Papst kann also nur die „schwarzen Schafe" meinen, die es zwar überall gibt, aber bei uns sind es nur wenige, woanders prägen sie das Bild, das der Papst dann fälschlicherweise verallgemeinert. Kenntnisse und Einblicke hat er bzgl. Lateinamerika, aber diese sind spezifische, partielle und nicht übertragbar auf andere Teile der Welt, insbesondere Europa. Immunisierung gegen die Kritik des Papstes: Wir nicht, die anderen!

Die Heftigkeit der Reaktionen im bürgerlich-neoliberalen Lager belegt auch die mangelnde Bereitschaft, die kapitalismuskritischen Aussagen der vorausgegangenen päpstlichen Sozialverkündigung seit der ersten systematischen Sozialenzyklika „Rerum novarum" von 1891 zur Kenntnis zu nehmen.

Oder diese Aussagen werden so umgedeutet, dass sie als wirksame Unterstützung und Legitimierung der freien Marktwirtschaft verstanden werden und damit einer völlig unzulässigen Einseitigkeit und Verkürzung das Wort geredet wird. Papst Franziskus wäre gut beraten gewesen, seine Aussagen stärker durch das Aufzeigen der Traditionsbestände der päpstlichen Sozialverkündigung zu erden. Das ist zuzugestehen. Vielleicht wäre der Schock bei einigen dann nicht so tief und eine differenziertere Beurteilung möglich gewesen. Kardinal Karl Lehmann plädiert in die gleiche Richtung: „Wenn Papst Franziskus zur harschen Kritik des kapitalistischen Wirtschaftssystems ansetzt, wäre es wahrscheinlich gut gewesen, die überaus kritische Haltung der katholischen Soziallehre zum Kapitalismus in den verschiedenen Wandlungen der Wirtschaftsgeschichte, aber auch der kirchlichen Verlautbarungen seit der ersten Sozialenzyklika 1891 im Kontext des neuen Schreibens stärker zu betonen."[22] Kardinal Lehmann hätte sich auch gewünscht, dass die soziale Marktwirtschaft bei allen Unzulänglichkeiten und Erneuerungsbedarf in „Evangelii gaudium" wenigstens erwähnt worden wäre. Aber vielleicht ist es sogar ein bewusstes Vorgehen des Papstes, keine konkreten Bezüge herzustellen?

Zu erinnern ist jedenfalls daran, dass es sich um ein Apostolisches Schreiben handelt und nicht um eine systematische Sozialenzyklika, die dann zwei Jahre später mit „Laudato si" folgt. Auch dies mag die fehlende bzw. nicht ausreichende Bezugnahme auf die Tradition der päpstlichen Soziallehre und ihre Entwicklung erklären. Darüber hinaus bilden die zitierten Passagen und die dort ausgeführten Themen nicht das Hauptanliegen des Schreibens. Dies zeigt vielmehr die Bedingungen auf, die ein erneuerter Verkündigungsauftrag der Kirche realistisch zu berücksichtigen hat: wirtschaftliche Strukturen, die vor allem die Armen und Ausgeschlossenen ausgrenzen und ihr Leben schädigen, ja sie töten. Nicht nur die Armen sind dabei die Opfer, sondern wir alle, wenn auch unter den völlig anderen Vorzeichen von Wohlstand und Konsumismus. Wir stumpfen ab und werden gleichgütig gegenüber dem Leiden der anderen. Menschlichkeit und Empathie werden aufgezehrt.

Die „Opferzonen" und die geistige Leere in den reichen Ländern werden größer. Die soziale und „innere" Not in den reichen „Wohlstandszonen" wächst.

Auch daran erinnert der Papst und stellt die systemischen Zusammenhänge heraus: „Die Würde jedes Menschen und das Gemeinwohl sind Fragen, die die gesamte Wirtschaftspolitik strukturieren müssten, doch manchmal scheinen sie von außen hinzugefügte Anhänge zu sein, um eine politische Rede zu vervollständigen, ohne Perspektiven oder Programme für eine wirklich ganzheitliche Entwicklung. Wie viele Worte sind diesem System unbequem geworden! Es ist lästig, wenn man von Ethik spricht, es ist lästig, dass man von weltweiter Solidarität spricht, es ist lästig, wenn man von einer Verteilung der Güter spricht, es ist lästig, wenn man davon spricht, die Arbeitsplätze zu verteidigen, es ist lästig, wenn man von der Würde der Schwachen spricht, es ist lästig, wenn man von einem Gott spricht, der einen Einsatz für die Gerechtigkeit fordert. Andere Male geschieht es, dass diese Worte Gegenstand einer opportunistischen Manipulation werden, die sie entehrt. Die bequeme Gleichgültigkeit gegenüber diesen Fragen entleert unser Leben und unsere Worte jeglicher Bedeutung."[23] Entleert unser Leben... Lästig sein zur Rettung der Menschen!

Der Untertitel von „Evangelii gaudium" lautet: „Über die Verkündigung des Evangeliums in der Welt von heute." Und zu dieser „Welt von heute" gehört eben auch ein Wirtschaftssystem, das Menschen ausschließt, ausbeutet und zur „Unterunterklasse" degradiert. Ohne diese Erkenntnis keine heilbringende Verkündigung der Kirche und keine „authentische Option für die Armen"[24], keine Wandlung und Kirchenreform hin zu einer armen Kirche für und mit den Armen.[25] Das stellt Papst Franziskus in dem Apostolischen Rundschreiben als Hauptthema der Kirche heraus und das hat politische, soziale und wirtschaftliche Implikationen für den christlichen Glauben und die Kirche selbst.[26]

„Indem der Papst eine Kirche für die Armen fordert, macht er den Glauben selbst zu einem politischen Glauben."[27]

Die Eindeutigkeit, Klarheit und Heftigkeit der päpstlichen Aussagen zur Wirtschaft in „Evangelii gaudium" sind diesem politischen Glauben geschuldet, der nicht wegsehen kann, wo Menschenwürde und Menschenrechte mit Füßen getreten und systemisch verunmöglicht werden. Wer diesen Hintergrund nicht sehen will, bleibt blind für das päpstliche Anliegen und seinem Aufruf:

Nein zu einer Wirtschaft der Ausschließung, zur Vergötterung des Geldes und zur sozialen Ungleichheit, die Gewalt erzeugt! Rettet den Menschen!

„Elend“ | Marmor | 2014

Kapitel 2:

„Laudato si" – Es schreit zum Himmel!

„Noch immer geht der Kampf weiter zwischen denen, die die Zementsäcke tragen, und denen, die sie ihnen auf den Kopf heben."

Henning Mankel[28]

„Wir haben sie nicht geschaffen; sie hat uns geschaffen – und ernährt uns. Die Erde ist weder unsere Gefangene noch unsere Patientin noch unsere Maschine und schon gar nicht unser Monster. Sie ist unsere ganze Welt. Und die Lösung für die globale Erwärmung besteht nicht darin, die Welt zu reparieren, sondern uns selbst."

Naomi Klein[29]

Zum Zustand der Welt: Beendet das Plündern!

Die moderne Häresie der Kapitalismuskritik von Papst Franziskus geht weiter. Zeichnet er in „Evangelii gaudium" die Richtung und die Option vor, systematisiert er in der am 18. Juni 2015 erschienenen Enzyklika „Laudato si" seine Analyse und die Wege, die Abhilfe schaffen könnten und über die er alle Menschen zu einem Dialog einlädt.

Papst Franziskus hält uns die schonungslose Analyse einer Welt vor, die die Natur und den Menschen gleichermaßen „vernutzt". Wir leben über unsere Verhältnisse und werden im Wohlstand gleichzeitig keineswegs glücklicher.

Trotz der fast unlösbaren Herausforderungen und Probleme, vor denen wir stehen, hält der Papst aber daran fest, dass durch eine Umkehr des Menschen und eine wirksame Veränderung der Strukturen ein Wandel hin zur Bewahrung der Schöpfung, hin zu mehr Solidarität, Gerechtigkeit und Frieden möglich ist. Kurz: Gesinnungs- und Zuständereform – das „traditionelle Programm" der Soziallehre der Kirche.

Die Lage ist nicht hoffnungslos, sondern durch wirksame soziale, politische, gesellschaftliche und wirtschaftliche Reformen noch zu wenden. Die Probleme sind global, deshalb müssen allerdings auch die Lösungen global sein. Dazu bedarf es einer neuen universalen Solidarität, einer „empathischen Zivilisation"[30], einer Empathie, die den Schmerz der anderen nachempfinden und sich in die Situation der Armen hineinversetzen kann. Notwendig sind eine tiefe Verbundenheit der Menschheit untereinander und der Wille, die Beseitigung von Elend und Hunger zum obersten Ziel des individuellen, sozialen und politischen Handelns zu machen. Die ökologischen Probleme sind nicht zu lösen, ohne dass die sozialen Verwerfungen beseitigt werden. Beides hängt untrennbar zusammen. Deshalb ist „Laudato si" auch völlig einseitig beschrieben, wenn sie als „Umweltenzyklika" apostrophiert wird. Sie ist eine Sozialenzyklika.

Die Sorge für das gemeinsame Haus ist dabei allen Menschen aufgegeben. Deshalb versteht sich die Enzyklika als Einladung zu einem Dialog an alle Menschen und als Weckruf an die Politik, nicht länger die Herrschaft der Wirtschaft zu dulden. Sie ist ein Aufruf an jeden von uns, die Einfachheit zu entdecken, die Befreiung schafft: „Die Genügsamkeit, die unbefangen und bewusst gelebt wird, ist befreiend."[31]

Die Enzyklika ist ein prophetischer Aufruf, der sich einmischt, Position bezieht und auch vor konkreten Handlungsanweisungen nicht zurückschreckt.

Den Mächtigen wird ihr Machtmissbrauch ins Stammbuch geschrieben, der Politik ihre dringend notwendige Rückgewinnung der Hoheit über die Wirtschaft und demokratischer Reformen, vor allem aber uns allen die notwendige Umkehr der Herzen, die Freude schafft. Erneut geht Papst Franziskus radikal mit der aktuellen ausbeuterischen Wirtschaftsweise ins Gericht, die sich umfassend globalisiert hat.

Wenngleich auch in „Laudato si" der Begriff „Kapitalismus" – wie ebenfalls im Apostolischen Schreiben „Evangelii gaudium" – nicht auftaucht und auch der von Papst Pius XI. mit der Sozialenzyklika „Quadragesimo anno" von 1931 in die Soziallehre der Kirche eingeführte

Begriff der „kapitalistischen Wirtschaftsweise“[32] keinen Niederschlag findet, so ist der Blick auf unsere Form des Wirtschaftens „inhaltlich“ und mit der päpstlichen Kritik von 1931 kongruent: Es geht um eine „vermachtete Wirtschaft“, um eine grundlegende Kritik an der Zusammenballung von Kapital und Macht, um die Konzentration „wirtschaftlicher Herrschgewalt“[33] in den Händen weniger, die die Geschicke der Menschheit lenken und die Kapitalinteressen als allein selig machend ausgeben. Es geht um das, was Papst Pius XI., später dann Paul VI. und Johannes Paul II. die „kapitalistische Wirtschaftsweise“ nannten und das bis heute so genannt werden kann, und dem Papst Franziskus seine Vorstellungen von einer gerechten und solidarischen Wirtschaft entgegensetzt, die die Ausbeutung beendet.[34]

Beendet das Plündern des Planeten, schafft Gerechtigkeit, ändert euer Leben! - ruft Papst Franziskus uns auch in dieser Enzyklika zu. Rettet den Menschen!

Der Klimawandel schädigt vor allem die Armen!

Als die zentralen Herausforderungen beschreibt die Enzyklika die Umweltverschmutzung und den Klimawandel. Der Klimawandel ist ein globales Problem, das nicht nur umweltpolitische Aspekte, sondern ebenso soziale, wirtschaftliche, distributive und politische Dimensionen aufweist.[35] Am Beispiel des Klimas verdeutlicht der Papst, dass Umweltprobleme und soziale Fragen untrennbar miteinander verbunden sind und der Klimawandel vor allem die Armen trifft: „Der Klimawandel ist ein globales Problem mit schwerwiegenden Umwelt-Aspekten und ernsten sozialen, wirtschaftlichen, distributiven und politischen Dimensionen; sie (er, M.S.) stellt eine der wichtigsten aktuellen Herausforderungen an die Menschheit dar. Die schlimmsten Auswirkungen werden wahrscheinlich in den nächsten Jahrzehnten auf die Entwicklungsländer zukommen. Viele Arme leben in Gebieten, die besonders von Phänomenen heimgesucht werden, die mit der Erwärmung verbunden sind, und die Mittel für ihren Lebensunterhalt hängen stark von den natürlichen Reserven und den ökosystemischen Betrieben wie Landwirtschaft, Fischfang und Waldbestand ab. Sie betreiben keine anderen Finanzaktivitäten und besitzen keine anderen Ressourcen, die ihnen erlauben, sich den Klimaeinflüssen anzupassen oder Katastrophen die Stirn zu bieten, und sie haben kaum Zugang zu Sozialdiensten und Versicherung. So verursachen die klimatischen Veränderungen zum Beispiel Migrationen von Tieren und Pflanzen, die sich nicht immer anpassen können, und das schädigt wiederum die Produktionsquellen der Ärmsten, die sich ebenfalls genötigt sehen abzuwandern, mit großer Ungewissheit im Hinblick auf ihre Zukunft und die ihrer Kinder.“[36]

Die Armen stecken durch den Klimawandel in einem „Teufelskreislauf“: Sie werden die Hauptbetroffenen sein, verfügen gleichzeitig nicht über die Mittel, um die Folgen des Klimawandels meistern zu können, und ihre Lebensgrundlagen und „Produktionsquellen“ werden geschädigt. All dies wird vom Papst als Ursachen für Migration und eine Zukunftsungewissheit der Ärmsten identifiziert.

Unser Lebensstil und die Verschleierung durch die Mächtigen: Die Klage der Armen und der Mutter Erde!

Die Hauptursachen des Klimawandels haben die reichen Länder zu verantworten, die mit ihrem konsumistischen Lebensstil, ihrer Wegwerfkultur und dem übermäßigen Gebrauch fossiler Brennstoffe das Klima schädigen – so Papst Franziskus weiter. Die Mächtigen verschleiern dabei die Probleme, u.a. im Bereich der Finanzwirtschaft: „Eine mit dem Finanzwesen verknüpfte Technologie, die behauptet, die einzige Lösung der Probleme zu sein, ist in der Tat oft nicht fähig, das Geheimnis der vielfältigen Beziehungen zu sehen, die zwischen den Dingen bestehen, und löst deshalb manchmal ein Problem, indem sie andere schafft.“[37] Weiter heißt es: „Viele von denen, die mehr Ressourcen und ökonomische oder politische Macht besitzen, scheinen sich vor allem darauf zu konzentrieren, die Probleme zu verschleiern oder ihre Symptome zu verbergen, und sie versuchen nur, einige negative Auswirkungen des Klimawandels zu reduzieren. Viele Symptome zeigen aber an, dass diese Wirkungen jedes Mal schlimmer sein können, wenn wir mit den gegenwärtigen Produktionsmodellen und

Konsumgewohnheiten fortfahren. Darum ist es dringend geboten, politische Programme zu entwickeln, um in den kommenden Jahren den Ausstoß von Kohlendioxid und anderen stark verunreinigenden Gasen drastisch zu reduzieren, zum Beispiel indem man die Verbrennung von fossilem Kraftstoff ersetzt und Quellen erneuerbarer Energie entwickelt."[38]

„Laudato si" problematisiert also die technologischen Lösungen, die als Ausweg gesucht werden, nach dem Motto: Wir erfinden schon was Neues, was die Probleme lösen wird.

Der Papst macht auf die Begrenztheit dieses Denken aufmerksam, denn indem einzelne Probleme isoliert betrachtet und bearbeitet werden, geraten das Ganze und damit die vielfältigen Beziehungen, von denen wir nichts oder nur zu wenig wissen, aus dem Blick. Technologische Lösungen erzeugen neue Probleme, die wiederum durch Technologie gelöst werden sollen.

---

26 Ein einseitiger Teufelskreis linearen Denkens und Handelns setzt sich in Gang; die Technikfolgenabschätzung bleibt kurzsichtig und einseitig. Denn: Weil das Ganze des „gemeinsamen Hauses" nicht gesehen wird, werden weiterhin zwar die Symptome kuriert, aber nicht die eigentlichen Ursachen beseitigt, nämlich unser ausbeuterisches Produktionsmodell und der Konsumismus.

Spezialisierung führt bei aller Berechtigung zur Aufsplitterung, zur Blindheit für das Ganze: „Die der Technologie eigene Spezialisierung bringt eine große Schwierigkeit mit sich, das Ganze in den Blick zu nehmen. Die Aufsplitterung des Wissens erfüllt ihre Funktion, wenn sie konkrete Anwendungen erzielt, führt aber gewöhnlich dazu, den Sinn für die Gesamtheit, für die zwischen den Dingen bestehenden Beziehungen, für den weiten Horizont zu verlieren, der irrelevant wird. Genau dies hindert daran, passende Wege zu finden, um die komplexeren Probleme der gegenwärtigen Welt – vor allem die, welche die Umwelt und die Armen betreffen – zu lösen, die man nicht von einem einzigen Gesichtspunkt oder von einer einzigen Art des Interesses aus angehen kann."[39] So verschlimmert sich die Lage, statt sich zu verbessern. Die Mächtigen ihrerseits verschleiern diesen Prozess der bloßen Symptomkurierung, um weiterhin Produktion und Konsum in ihrem Sinne aufrechterhalten zu können. Politisch ist das technologische Paradigma damit ein Instrument zur Sicherung des „Status quo", das zur Beherrschung von Wirtschaft und Politik tendiert.[40]

Daraus lässt sich jedoch keine generelle Technologiefeindlichkeit des Papstes ableiten.[41] Denn Papst Franziskus ist sich bewusst, dass es ohne technologische Lösungen nicht geht. Geboten ist aber eine Folgenabschätzung auf das Ganze und die vielfältigen Wechselwirkungen hin, die wir allerdings niemals in ihrer Fülle werden durchschauen können.

Dies gilt auch für die dringend notwendige Umstellung von fossilen auf erneuerbare Energieträger, die der Papst als nachdrücklich zu gehenden Weg in die Zukunft benennt. Das technologische Paradigma muss von seiner eigenen Blindheit und spaltenden Tendenz befreit werden und unter die Vorherrschaft der Politik und der Zivilgesellschaft gestellt werden.

Wasser und Megastädte: Die Verschlechterung der Lebensqualität

Im Zusammenhang mit dem Thema „Wasser"[42] behandelt der Papst die Herausforderungen, die sich durch die erschöpfenden Ressourcen aufgrund der Ausbeutung des Planeten ergeben. Beim Wasser zeigt sich in aller Deutlichkeit, dass das gegenwärtige Produktions- und Konsumniveau der reichen Gesellschaftsschichten nicht mehr aufrechterhalten werden kann. Die Höchstgrenzen sind erreicht.

Wasser wird in vielen Teilen der Erde zu einem knapper werdenden Gut, die Qualität des Wassers verschlechtert sich und führt zu Krankheiten, Leiden und dem vorzeitigen Tod der Armen und zu Kindersterblichkeit.

Der Papst führt aus: „Diese Welt lädt eine schwere soziale Schuld gegenüber den Armen auf sich, die keinen Zugang zum Trinkwasser haben, denn das bedeutet, ihnen das Recht auf Leben zu verweigern, das in ihrer unveräußerlichen Würde verankert ist."[43] Nach Einschätzung des Papstes wird deshalb dieser Konflikt zunehmen, der dadurch entsteht, dass große weltweite Unternehmen zunehmend das Wasser unter ihre Kontrolle bringen.[44] Mit allem Nachdruck setzt sich der Papst gegen die Privatisierung des Wassers und für das allgemeine Menschenrecht auf sicheres Trinkwasser für alle ein.

Zunehmend werden die Ressourcen der Erde durch eine Wirtschaft geplündert, die vor allem „das unmittelbare Ergebnis" vor Augen hat.

Hier liegt eine zentrale Ursache für den Verlust der biologischen Vielfalt.[45] Die Schönheit und der Reichtum der Erde werden so zugrunde gerichtet: „Wenn wir jedoch die Welt betrachten, stellen wir fest, dass dieses Ausmaß menschlichen Eingreifens, das häufig im Dienst der Finanzen und des Konsumismus steht, dazu führt, dass die Erde, auf der wir leben, in Wirklichkeit weniger reich und schön wird, immer begrenzter und trüber, während gleichzeitig die Entwicklung der Technologie und des Konsumangebots grenzenlos weiter fortschreitet."[46] Der Papst stellt kategorisch fest: „Dazu haben wir kein Recht."[47] Unser Handeln stellt eine Ungerechtigkeit gegenüber kommenden Generationen und eine nicht hinzunehmende Schädigung der Schöpfung dar. Hierzu benennt die Enzyklika mehrere Beispiele: die Schädigung des Amazonasgebiets, der tropischen Urwälder, der Küstenregionen und Ozeane sowie die Überfischung und die Zerstörung der Korallenbänke. In den Megastädten verschlechtert sich die Lebensqualität zunehmend; die Reichen schotten sich in ihren privatisierten Arealen gegen die „Elendszonen" ab und bleiben unter sich.

Das Wachstum der Megastädte zeigt auch, dass Wachstum nicht gleich Fortschritt, Verbesserung und Zivilisation bedeutet, sondern „in sich" zwiespältig bleibt: „Das sind unter anderem Zeichen, die zeigen, dass das Wachstum der letzten beiden Jahrhunderte nicht in allen seinen Aspekten einen wahren ganzheitlichen Fortschritt und eine Besserung der Lebensqualität bedeutet hat. Einige dieser Zeichen sind zugleich Symptome eines wirklichen sozialen Niedergangs, eines stillschweigenden Bruchs der Bindungen von sozialer Integration und Gemeinschaft."[48] Es gibt nämlich vielfältige unmittelbare Zusammenhänge zwischen der menschlichen und der natürlichen Umwelt. Beide verschlechtern sich gemeinsam und dies deutet darauf hin, dass die

Ursachen interdependent sind. Ein wirklich ökologischer Ansatz zur Durchdringung der Probleme und zur Schaffung von Abhilfen muss sich deshalb immer „in einen sozialen Ansatz verwandelt, der die Gerechtigkeit in die Umweltdiskussionen aufnehmen muss, um die Klage der Armen ebenso zu hören wie die Klage der Erde.“[49]

Die „ökologischen Fragen“ greifen ohne den Gerechtigkeitsdiskurs und die sozialen Fragen zu kurz.

Die ökologische Schuld der reichen Länder

Die soziale Ungerechtigkeit zeigt sich vor allem in den internationalen Beziehungen. So haben die reichen Länder eine „ökologische Schuld“[50] auf sich geladen und messen dennoch mit einem unterschiedlichen Maß, was die soziale Spaltung zwischen den reichen und den armen Ländern verschärft. Das Finanzsystem der Kreditvergabe der reichen an die armen Länder ist „zu einem Kontrollinstrument geworden, das Gleiche gilt aber nicht für die ökologische Schuld. Auf verschiedene Weise versorgen die weniger entwickelten Völker, wo sich die bedeutendsten Reserven der Biosphäre befinden, weiter die Entwicklung der reichsten Länder, auf Kosten ihrer eigenen Gegenwart und Zukunft.“[51] Der Papst beschreibt so den „doppelten Prozess“ der Ausbeutung der armen Länder, der einerseits darin besteht, Zinsen für Kredite von den armen Ländern zu verlangen und Kredite durch Kredite zu ersetzen, um die Lasten tragen und die Verträge bedienen zu können. Aber damit ist es nicht getan, denn andererseits profitieren die reichen Länder etwa von billigen Rohstoffen und der Biosphäre der Länder des globalen Südens.

Diesen Völkern bleibt angesichts des ungerechten Systems nichts anderes übrig, als ihre eigene Zukunft aufs Spiel zu setzen.

Die ökologische Schuld, die die reichen Länder durch ihre Ausbeutung, vor allem aber durch ihre auf fossile Brennstoffe basierende verschwenderische Wirtschafts- und Lebensweise angesammelt haben, wird demgegenüber nicht beglichen, denn die Machtstrukturen des Welthandels sind zugunsten der reichen Länder etabliert.

Schulden werden nur in eine Richtung eingetrieben. Der globale Süden hat das Nachsehen. Er verfügt über keine Machtmittel, um die ökologische Schuld „einzutreiben".

Gegen diese Unausgewogenheit und systemische Benachteiligung des globalen Südens sowie die „Globalisierung der Gleichgültigkeit" muss ein neues Rechtssystem geschaffen werden, das die Ökosysteme schützt und dem technologisch-ökonomischen Paradigma der Zerstörung und wirtschaftlichen Eigeninteressen die Grundlagen entzieht, denn die Wirtschaftsmächte setzen weiterhin auf Spekulation und finanziellen Ertrag und ignorieren somit die Menschenwürde und die Umwelt.

„Während der Markt vergöttert wird, bleibt das Schwache auf der Strecke."[52]

Diese Situation führt zur Verschärfung bestehender Konflikte, denn es „ist vorhersehbar, dass angesichts der Erschöpfung einiger Ressourcen eine Situation entsteht, die neue Kriege begünstigt, die als eine Geltendmachung edler Ansprüche getarnt werden."[53] Das System der Ressourcenausbeutung, die zunehmende Ressourcenknappheit und die soziale Spaltung der Welt erzeugen den Sprengstoff der Kriege, die wiederum die Umwelt schädigen. Dem – so der Appell des Papstes – muss die Politik zuvorkommen.

Grenzen des Wachstums oder Wachsen muss, was den Armen nützt

Wie bereits angedeutet, geht die Sozialenzyklika auch mit der landläufigen Wachstumsvorstellung ins Gericht und greift damit ein Dogma neoliberaler Wirtschaftspolitik an. Unser derzeitiges Wachstumsmodell des immer Mehr – so die Kritik des Papstes – schädigt unsere Lebensgrundlagen und ist ohne Respekt vor der Umwelt.[54] Auch werden sich durch ein Wachstum des Marktes die Probleme von Hunger und Elend nicht einfachhin lösen lassen.[55] Wirtschaftswachstum muss demgegenüber von einem echten sozialen und moralischen Fortschritt begleitet werden[56] und einen zunehmenden Ausgleich zwischen den reichen und armen Ländern schaffen. Die Enzyklika wendet sich gegen die Vorstellungen eines unendlichen und fortschreitenden Wachstums, denn dem

Wachstum sind natürliche Grenzen gesetzt, die bereits in weiten Teilen überschritten worden sind.[57]

Deshalb hält es der Papst für vertretbar, dass bestimmte (reiche) Länder auch einen gewissen „Rückgang"[58] des Wachstums akzeptieren müssen, damit andere (arme) Länder Wachstum, verbunden mit einem sozialen und moralischen Fortschritt, erzielen können. Damit weisen die Aussagen des Papstes in Richtung einer politischen Ökonomie, die die wohlhabenden Länder auf eine Zukunft mit abnehmendem Wachstum bzw. ohne Wachstum vorbereiten und die sozialökonomischen Probleme nicht über Zuwächse, sondern verteilungspolitisch lösen will.[59]

Akzeptabel ist aber nur ein Wachstum, das die nachhaltige Entwicklung fördert und Mensch und Natur nicht schädigt, also ein „sozialethisch legitimiertes Wachstum".[60]

Eine der entscheidenden Passagen in „Laudato si" lautet: „Wenn in einigen Fällen die nachhaltige Entwicklung neue Formen des Wachstums mit sich bringen wird, muss man immerhin in anderen Fällen angesichts des unersättlichen und unverantwortlichen Wachstums, das jahrzehntelang stattgefunden hat, auch daran denken, die Gangart ein wenig zu verlangsamen, indem man einige vernünftige Grenzen setzt und sogar umkehrt, bevor es zu spät ist. Wir wissen, dass das Verhalten derer, die mehr und mehr konsumieren und zerstören, während andere noch nicht entsprechend ihrer Menschenwürde leben können, unvertretbar ist. Darum ist die Stunde gekommen, in einigen Teilen der Welt eine gewisse Rezession zu akzeptieren und Hilfen zu geben, damit in anderen Teilen ein gesunder Aufschwung stattfinden kann."[61] Der Papst vertritt hier ein ausgleichendes Wachstum, ein Wachstum der „kommunizierenden Röhren".

Die Reichen müssen verzichten, damit wachsen kann, was den Armen nützt.

Der Überfluss im reichen Norden muss zurückgefahren und aufgegeben werden, damit die Not im globalen Süden beseitigt wird und die Menschenwürde bzw. ein menschenwürdiges Leben für die Armen wachsen kann. Damit greift der Papst den Traditionsbestand der päpstlichen Soziallehre auf, dass der Überfluss den Armen geschuldet ist.

Das auf verbrauchenden Konsum ausgerichtete kurzfristige Wachstum soll gegenüber einem langfristigen Wachstum für nachhaltige Entwicklung aufgegeben werden. Nachhaltiges, sozialethisch legitimiertes, ausgleichendes Wachstum im globalen Maßstab sind die wirtschaftsprogrammatischen Forderungen von Papst Franziskus, die Teil einer umfassenden „öko-sozialen Transformation“[62] sind. Damit vertritt er eine besondere Variante in der Diskussion um die Postwachstumsgesellschaft, nämlich ein globales Verteilungssystem eines eingeschränkten, verlangsamten, nachhaltigen Wachstums in den reichen Ländern, das im Gegenzug den Armen die notwendigen Mittel und Zuwächse verschafft, um menschenwürdig leben zu können. Nachhaltiges Wachstum und nachhaltige Entwicklung sind die zwei Seiten einer Medaille.

Es sei darauf hingewiesen, dass es in „Laudato si“ dabei nicht nur um das ökonomische Wachstum im engeren Sinne geht, sondern auch um ein Wachstum des Wissens, um die Forderung eines „echten menschlichen Wachstums“[63], um eine „ganzheitliche Ökologie“.

Damit verweist die Enzyklika deutlich auf einen umfassenden Begriff von Wachstum, wie er z.B. von Amartya Sen, dem indischen Wirtschaftsnobelpreisträger vertreten wird, der als Alternative und Ergänzung zum einseitigen Wirtschaftswachstum eine breitere Bemessungsgrundlage entwickelt hat, die die Lebenssituation der Menschen umfassend(er) erfasst.

Ausgangspunkt für Sen ist dabei die Armut, die er als Mangel an Möglichkeiten zur Selbstverwirklichung begreift. Es geht nicht nur um materielle Dinge, sondern ebenso etwa um den Zugang zu natürlichen Ressourcen (Wasser, Energie etc.), um Bildung, eine intakte Infrastruktur, Gesundheit und angemessenen Wohnraum. Gerade die Armen können diese Zugänge und Bedürfnisse, können ihre Rechte nicht in ausreichendem Maße über Einkommen sichern.[64] In diese Richtung denkt Papst Franziskus: Wachsen muss, was den Armen nützt! Der Papst proklamiert für die Armen ein umfassendes Recht auf ein besseres Leben!

Der Markt wird es nicht richten!

Aber nicht nur das Wachstum, auch der Markt soll sich in den Dienst für die Armen stellen. Grundsätzlich ist Papst Franziskus marktskeptisch, denn die derzeitigen Gesetze des freien Marktes verschärfen die Ungleichheiten und führen zu sozialen Verwerfungen, etwa wenn zur Befriedigung der Märkte im reichen Norden bei der Ausbeutung von Rohstoffen Umweltschäden im globalen Süden verursacht werden.[65] Weiterhin wird der Markt „vergöttert"[66] und er verdrängt alles Schwache, was sich nicht am Markt behaupten kann. Die Märkte drängen zur Expansion,[67] indem sie die Nachfrage künstlich ausweiten – mit den entsprechenden Schädigungen für Umwelt und Natur. Der Markt sorgt nicht von sich aus für ganzheitliche Entwicklung und soziale Inklusion[68] und er kann die Umwelt von sich aus nicht schützen, da sie als reines Sachmittel von Marktverwertungsprozessen instrumentalisiert wird. Der Papst wendet sich gegen eine geradezu magische Auffassung des Marktes und der Rendite: „'Die Umwelt ist eines jener Güter, die die Mechanismen des Markts nicht in der angemessenen Form schützen oder fördern können.' Wieder einmal ist es gut, eine magische Auffassung des Marktes zu vermeiden, die zu der Vorstellung neigt, dass sich die Probleme allein mit dem Anstieg der Gewinne der Betriebe oder der Einzelpersonen lösen. Ist es realistisch zu hoffen, dass derjenige, der auf den Maximalgewinn fixiert ist, sich mit dem Gedanken an die Umweltauswirkungen aufhält, die er den kommenden Generationen hinterlässt? Innerhalb des Schemas der Rendite ist kein Platz für Gedanken an die Rhythmen der Natur, an ihre Zeiten des Verfalls und der Regenerierung und an die Kompliziertheit der Ökosysteme, die durch das menschliche Eingreifen gravierend verändert werden können."[69]

Im Klartext: Der blinde Glaube an die Selbstheilungskräfte und die Selbstregulierung des Marktes macht den „Bock zum Gärtner" und der ist auch noch zumindest auf einem Auge blind, denn fixiert auf die Rendite bzw. die Maximierung des Gewinns, bleibt sein Blick äußerst beschränkt. Gegen die von den Anhängern des freien Marktes viel gepriesene Allmacht und Steuerungsfunktion der Märkte setzt Papst Franziskus die „moderne Häresie" eines Marktversagens und ergebt den Vorwurf der marktwirtschaftlichen Fehlallokation: Der Markt verschlingt, was er zu schützen und zu sichern vorgibt.

Der Markt hat nur da seine Funktion und Berechtigung, wo er zu ganz konkreten Verbesserungen für die Benachteiligten beiträgt.[70] Die gesamte Enzyklika generiert sich äußerst marktskeptisch. Die positiven Mechanismen des Marktes werden ausgeblendet, ob aus Unkenntnis oder bewusst, um die päpstliche Position zu schärfen oder provokant zuzuspitzen, mag dahingestellt bleiben.[71] Der Markt jedenfalls verschärft nach „Laudato si" die Probleme, statt sie zu lösen; er ist in der derzeitigen Verfassung selbst Teil des Problems statt Teil der Lösung. Bezeichnend in diesem Zusammenhang ist auch, dass sich außer einigen Andeutungen in „Laudato si" keine systematischen Ausführungen im Hinblick auf die notwendige „politische Einbettung" des Marktes durch die Politik finden, was ansonsten zum „Standardrepertoire" kirchlicher Sozialverkündigung gehört. Eine radikale Kritik an einer „magische(n) Auffassung des Marktes"[72] bleibt vorherrschend.

Ganzheitliche Ökologie: Alles hängt mit allem zusammen

Einer der Schlüsselbegriffe der Enzyklika „Laudato si" ist der der „ganzheitlichen Ökologie", d.h. wir müssen unseren Blick auf das „ganze Haus" richten, auf Mensch und Natur, auf die Zusammenhänge der ökologischen Systeme, auf den Zusammenhang von Umweltzerstörung und dem, was den Armen angetan wird. Ziel einer ganzheitlichen Ökologie ist ein Leben im Einklang mit der Schöpfung,[73] was in einem unmittelbaren Zusammenhang mit der christlichen Spiritualität, etwa im Umgang mit der Zeit und dem Lebensstil, zu sehen ist: „Eine ganzheitliche Ökologie beinhaltet auch, sich etwas Zeit zu nehmen, um den ruhigen Einklang mit der Schöpfung wiederzugewinnen, um über unseren Lebensstil und unsere Ideale nachzudenken, um den Schöpfer zu betrachten, der unter uns und in unserer Umgebung lebt und dessen Gegenwart ‚nicht hergestellt, sondern entdeckt, enthüllt werden' muss."[74]

Eine ganzheitliche Ökologie macht uns deutlich: Alles hängt mit allem zusammen, alles ist mit allem verbunden, eine Änderung hier hat Auswirkungen dort.

Deshalb müssen wir eine „Spiritualität der globalen Solidarität"[75] einüben und reifen lassen, die Gott als den Herrscher und Eigentümer der Welt anerkennt: „Wir können nicht eine Spiritualität vertreten, die

Gott als den Allmächtigen und den Schöpfer vergisst. Auf diese Weise würden wir schließlich andere Mächte der Welt anbeten oder uns an die Stelle des Herrn setzen und uns sogar anmaßen, die von ihm geschaffene Wirklichkeit unbegrenzt mit Füßen zu treten. Die beste Art, den Menschen auf seinen Platz zu verweisen und seinem Anspruch, ein absoluter Herrscher über die Erde zu sein, ein Ende zu setzen, besteht darin, ihm wieder die Figur eines Vaters vor Augen zu stellen, der Schöpfer und einziger Eigentümer der Welt ist. Denn andernfalls wird der Mensch immer dazu neigen, der Wirklichkeit seine eigenen Gesetze und Interessen aufzuzwingen."[76]

Eine „ökologische" Spiritualität,[77] die vom Ganzen her denkt und sich entfaltet, setzt Grenzen des Machbaren und bewahrt den Menschen somit vor Überforderungen[78] und sie wirkt befreiend, denn: „Die christliche Spiritualität schlägt ein anderes Verständnis von Lebensqualität vor und ermutigt zu einem prophetischen und kontemplativen Lebensstil, der fähig ist, sich zutiefst zu freuen, ohne auf Konsum versessen zu sein. (...) Die Genügsamkeit, die unbefangen und bewusst gelebt wird, ist befreiend."[79]

Papst Franziskus unterbreitet für die Reichen dieser Erde ein Programm für mehr Lebensqualität durch einen anderen Lebensstil, der sie aus den Verstrickungen des „Mehr-Habens" löst und dazu befreien will, „mehr-zu-sein".

Vom „Haben" zum „Sein"[80] ist die Richtung, die Papst Franziskus anbietet.

Es geht um die Sorge für den anderen und damit gleichzeitig um die Sorge um uns selbst, um mehr Achtsamkeit und damit gegen den Überforderungswahn einer konsumistischen Welt, die keine Grenzen mehr kennt, die Natur schädigt und uns überfordert. Es geht um eine „Grundhaltung des Sich-selbst-Überschreitens", die die Wurzel aller Achtsamkeit gegenüber allen anderen Menschen und der Umwelt ist.[81]

Der Papst offeriert ein Befreiungsprogramm für alle!

„Sprung ins kalte Wasser“ | Assamblage | 2016

Kapitel 3:

Wie der Papst die Welt verändern will

„Für die Entstehung einer sozialen Bewegung kommt es vor allem darauf an, dass viele einen ersten Schritt aus ihrer Normalität heraus machen. Danach entwickeln sich die Dinge fast von selbst."

Harald Welzer[82]

„Das Überleben des Menschen hängt von unserer Fähigkeit ab, Mitgefühl und Liebe zu lernen und nicht von Gehorsam abhängig zu sein oder zu bleiben."

Arno Gruen[83]

Wie die Welt verändert werden kann: Politik von unten

Der Papst greift aber in „Laudato si" nicht nur die „Lebensstilfragen" auf und begreift die diesbezüglich notwendigen Änderungen als Mittel zur Rettung unserer selbst und der anderen, sondern es geht ihm um ein politisches Programm, in dem er einer „Politik von unten" einen besonderen Stellenwert einräumt.

Individuelle Lebensstiländerung ist ein dringend notwendiger Reformschlüssel, aber es bedarf der „kollektiven Tat", es bedarf politischer Bewegungen, die von unten die Politik verändern und eine ökologisch-soziale Transformation voranbringen.

Bekanntlich mangelt es unserer Zeit nicht an guten Vorschlägen, sondern an deren wirksamer Durchsetzung. Wo sieht der Papst also Akteure für eine andere, eine bessere Politik, die die notwendige „Globalisierung der Solidarität" durchsetzt bzw. durchsetzen kann?

Welche Rolle sieht er in diesem Kontext für soziale Bewegungen? Und welche ethischen Ansprüche sind an das Handeln der Akteure zu stellen? Und: Was bringt die Enzyklika hier Neues gegenüber der bisherigen Positionierung der Soziallehre der Kirche? Gerade die letzte Frage ist von besonderer Bedeutung, um das Neue der päpstlichen Aussagen und vor allem die Zuspitzung im päpstlichen Politikkonzept beurteilen zu können. Werfen wir deshalb einen kurzen Blick in die Geschichte der päpstlichen Soziallehre...

Ein Blick zurück: Bewegungen in der Soziallehre der Päpste

Seit der ersten systematischen Sozialenzyklika von Papst Leo XIII. aus dem Jahre 1891 gehörte die Formulierung von moralischen und ethischen Anforderungen an die Politik bzw. die politischen Akteure zum Standardrepertoire päpstlicher Soziallehre. Im Mittelpunkt stand dabei die christliche „Staatslehre", also der Aufbau eines Staates, der dem Gemeinwohl verpflichtet ist bzw. sein soll und christlichen Prinzipien und Glaubensüberzeugungen entspricht. So verteidigte Papst Leo XIII. in der damaligen Zeit die christliche Staatsverfassung gegenüber den aus seiner Sicht zersetzenden Wirkungen des Sozialismus. So habe der Staat zum Beispiel die Aufgabe, das private Eigentumsrecht gegen die Kollektivierungsvorstellungen des Sozialismus zu verteidigen – durch Gesetzgebung und Verwaltung, nicht zuletzt auch durch eine wirksame Bekämpfung „antichristlicher" Bewegungen.

Obwohl im sozialen und politischen Katholizismus des 19. Jahrhunderts bereits eine wirkmächtige Bewegung entstand, die politische Forderung auf demokratischen Wegen umzusetzen versuchte und darin z.T. sehr erfolgreich war, blieb die „römische Linie" eher skeptisch gegenüber allzu eigenständigen Bemühungen und Bewegungen im sogenannten „Laienkatholizismus", der für sich auch jenseits der kirchlichen Bevormundung und Oberhoheit politische Eigenständigkeit reklamierte und praktizierte.

Jedenfalls war das römisch-hierarchische Kommunikations- und Umsetzungsmodell, nach dem eine Lehre autoritativ vom Papst verkündet, von Bischöfen in die jeweiligen nationalen Kontexte hinein konkretisiert und von Laien dann umzusetzen ist, in ein Spannungsverhältnis zu den sozialen und politischen Bewegungen des Katholizismus geraten, die eine eigene Zuständigkeit für ihre Politik „von unten" als notwendige Voraussetzung betrachteten, um sozial und politisch wirksam agieren zu können. Das Verhältnis der Kirche zu sozialen und politischen Bewegungen innerhalb und außerhalb der Kirche war jedenfalls ein nicht konfliktfreies Thema. Und selbst in „Rerum novarum" wurde der soziale und politische Katholizismus allenfalls „gestreift", der etwa jene sozialpolitischen Positionen schon lang vorher entwickelt und politisch vertreten hatte, die dann in der ersten päpstlichen Sozialenzyklika mit päpstlicher Legitimation versehen zum Ausdruck kamen.[84]

Vierzig Jahre nach „Rerum novarum" gelang es Papst Pius XI. in der Enzyklika „Quadragesimo anno", die unter der Federführung des deutschen Jesuiten und Nestors der katholischen Soziallehre, Oswald von Nell-Breuning, erstellt wurde, zu einer differenzierteren Sicht zu kommen und das sogenannte „Subsidiaritätsprinzip" zu einem Kernbaustein der Soziallehre der Kirche zu machen, auch wenn dessen Konkretisierung und Auslegung nachfolgend umstritten blieben. In der Enzyklika heißt es in der berühmten Passage: „Wenn es nämlich auch zutrifft, was ja die Geschichte deutlich bestätigt, dass unter den veränderten Verhältnissen manche Aufgaben, die früher leicht von kleineren Gemeinwesen geleistet wurden, nur mehr von großen bewältigt werden können, so muss doch allzeit unverrückbar jener höchst gewichtige sozialphilosophische Grundsatz festgehalten werden, an dem nicht zu rütteln noch zu deuteln ist: wie dasjenige, was der Einzelmensch aus eigener Initiative und mit seinen eigenen Kräften leisten kann, ihm nicht entzogen und der Gesellschaftstätigkeit zugewiesen werden darf, so verstößt es gegen die Gerechtigkeit, das, was die kleineren und untergeordneten Gemeinwesen leisten und zum guten Ende führen können, für die weitere und übergeordnete Gemeinschaft in Anspruch zu nehmen; zugleich ist es überaus nachteilig und verwirrt die ganze Gesellschaftsordnung. Jedwede Gesellschaftstätigkeit ist ja ihrem Wesen und Begriff nach subsidiär; sie soll die Glieder des Sozialkörpers unterstützen, darf sie aber niemals zerschlagen oder aufsaugen."[85]

Damit formulierte die Enzyklika ein klassenübergreifendes Ordnungsprinzip sozialer Organisation, ausgehend vom Ein-

zelnen, der Familie, Gemeinschaften und (berufsständischen) Zusammenschlüssen bis hin zum Staat.

Einerseits wurde ein „Abwehrrecht" der kleineren sozialen Netzwerke gegenüber Zugriffsrechten des Staates geltend gemacht und andererseits die Verpflichtung des Staates bzw. der größeren Einheiten festgeschrieben, die Voraussetzungen und Vorleistungen zu schaffen, damit die kleineren Einheiten ihre Aufgaben erfüllen können.[86] Bewegungen außerhalb der „kirchlichen Oberhoheit", vor allem die sozialistischen und kommunistischen, kamen in diesem Kontext nur insofern in den Blick, als dass sie als Abgrenzungsmuster zu christlichen Auffassungen dienten, die dadurch positionell geschärft und positiv aufgeladen werden sollten. Abgrenzung galt es gegenüber allem zu üben, was nicht das Prädikat „katholisch" verdient hatte, obwohl hier bereits 1931 Differenzierungen eingeführt wurden,[87] die die pauschalen Verurteilungen von „Rerum novarum" zurücknahmen. Die Soziallehre befand sich in diesem Kontext auch auf der Suche danach, wie sie es mit den sozialen Bewegungen halten sollte. Angesichts des „politischen Aufwinds" und der Zunahme der Pluralität dieser Bewegungen, bedurfte es einer Differenzierung. Zudem stellten diese Bewegungen und ihre „politischen Arme" in Form von Parteien einen nicht zu leugnenden Machtfaktor in den „politischen Arenen" dar. Um politische Ziele zu erreichen, mussten in der praktischen politischen Arbeit, etwa in den Parlamenten, zumindest temporäre Koalitionen mit „nicht-katholischen" Parteien eingegangen werden, um sozialpolitischen Forderungen zu Mehrheiten zu verhelfen.

Bewegungen waren dann legitim, wenn sie sich auf dem Boden des christlichen Glaubens und der Soziallehre der Kirche bewegten, dieser zumindest nicht widersprachen oder sich aktiv antichristlich gebärdeten.

Die Idealvorstellung war, dass Konflikte, wenn sich alle Bewegungen christlich generieren oder zumindest die Grundlagen des Christentums anerkennen, ganz ausgeschlossen oder auf den Boden des Glaubens problemlos beseitigt werden könnten – eine Vorstellung, die zumindest Anklänge an die christliche geordnete Ständegesellschaft vor der Industrialisierung des 19. Jahrhunderts enthält. Harmonistische christliche Staatsordnung und Unterordnung der Bewegungen unter dieses Ideal galten als Ziele.

Die Zusammenarbeit mit anderen Bewegungen bedurfte der lehramtlichen Prüfung und von der späteren Aufforderung der Zusammenarbeit mit allen Menschen guten Willens oder gar des Dialogs mit allen war zu dieser Zeit noch keine Rede. Harmonisch und unter Aufsicht des kirchlichen Lehramtes sollten sich Bewegungen in den christlichen Kosmos und das christliche Weltbild einfügen. Ansonsten war kein Platz für sie, allenfalls in der Peripherie jenseits des kirchlichen Territoriums. Politische Auseinandersetzungen und Konflikte wurden als vorübergehende Erscheinungen angesehen – bis alle Bewegungen die christliche Lehre anerkannt hatten. Denn im weltanschaulichen Kampf konnte nur eine Lehre bestehen und ihre Überlegenheit rational und praktisch erweisen: die christliche. Der kirchliche Triumphalismus war lange Zeit unverkennbar.

Jedenfalls blieben die Vorstellungen zu „Bewegungen“ blutleer und größtenteils negativ besetzt, insbesondere dann, wenn sie sich außerhalb der Einflussnahme und Kontrolle der Kirche bewegten. Die Anleitung für das politische Handeln einzelner Akteure und Zusammenschlüsse lautete, dass deren Einzelinteressen in der staatlichen Gemeinwohl- und Ordnungspolitik möglichst konfliktfrei „aufgehen“ sollten.

Kurz: Gegenüber eigenständigen Bewegungen, zumal (noch) außerhalb der Kirche, blieben die Soziallehre und die kirchliche Hierarchie in weiten Teilen auch nach „Quadragesimo anno“ skeptisch.

Dies änderte sich durch Papst Johannes XXIII., der in der Enzyklika „Pacem in terris“ aus dem Jahr 1963 als „Zeichen der Zeit“ drei „Bewegungen“ hervorhob: den sozialen und wirtschaftlichen Aufstieg der Arbeiterklasse, die zunehmende Beteiligung der Frauen am öffentlichen Leben und die „Freiheitsbewegung“ der ganzen Menschheitsfamilie, die dem sozialen und politischen Leben eine neue Gestalt gibt.[88] Diese „Emanzipationsbewegungen“ sind es, die der Zeit ihr positives Gepräge geben und zunehmend die Fremdherrschaft beseitigen. Johannes XXIII. war hier von einem großen Optimismus geprägt, der entscheidend dazu beitrug, Freiheits- und Emanzipationsbewegungen fortan in der Kirche in ihrem Eigenwert wahrzunehmen, vor allem zu würdigen und die Verständigung mit ihnen zu suchen – auch mit denjenigen „außerhalb“ der Kirche.

Johannes Paul II. setzte diese Linie unter dem Druck der Ereignisse in Polen und vor allem der Gründung der Solidarność, die als Gewerkschaftsbewegung aus der Streikbewegung 1980 entstanden war, fort.

In der Enzyklika „Laborem exercens“ von 1981 spricht der polnische Papst vor allem die „Bewegungen der Solidarität auf dem Gebiet der menschlichen Arbeit“[89] an und fordert dazu auf, neue Solidaritätsbewegungen zu gründen.

Die entscheidende Passage lautet: „Will man die soziale Gerechtigkeit in den verschiedenen Teilen der Welt, in den verschiedenen Ländern und in den Beziehungen zwischen ihnen verwirklichen, bedarf es immer neuer Bewegungen von Solidarität der Arbeitenden und mit den Arbeitenden. Diese Solidarität muss immer dort zur Stelle sein, wo es die soziale Herabwürdigung des Subjekts der Arbeit, die Ausbeutung der Arbeitnehmer und die wachsenden Zonen von Elend und sogar Hunger erfordern. Die Kirche setzt sich in diesem Anliegen kraftvoll ein, weil sie es als ihre Sendung und ihren Dienst, als Prüfstein ihrer Treue zu Christus betrachtet, um so wirklich die ‚Kirche der Armen‘ zu sein.“[90]

Soziale Bewegungen der Arbeit sind das zentrale „Mittel“ zur Schaffung sozialer Gerechtigkeit, und indem die Kirche diese „kraftvoll“ unterstützt, wird sie zu dem, was sie sein soll: Kirche der Armen, Kirche an der Seite der Ausgebeuteten, kämpferische Kirche für die Rechte der arbeitenden Menschen und Ausgebeuteten und nicht zuletzt eine Kirche, die sich als Initiatorin und Teil sozialer Bewegungen für Gerechtigkeit weltweit versteht.

Bewegungen der Solidarität sind das geeignete soziale und politische „Mittel“, um Elend und Hunger zu bekämpfen und das Koalitionsrecht auf freien Zusammenschluss und Interessenvertretung einzulösen.

Zusammenfassend kann also konstatiert werden, dass die Soziallehre der Kirche zunehmend, ausgehend von einer völligen Ablehnung bzw. Abgrenzung gegen die sozialistischen Bewegungen, zu einer positiven Betonung der Bedeutung sozialer Bewegungen findet, die als „Zeichen der Zeit" und als Bewegungen für soziale Gerechtigkeit qualifiziert werden. Von Ablehnung, über Skeptizismus hin zur Anerkennung – so lässt sich der Wandel in der Auffassung der kirchlichen Soziallehre kurz skizzieren.

Zunehmend wird eine Ethik sozialer Bewegungen von unten entwickelt. Die Kirche will an der Seite dieser Bewegungen stehen, sie fördern und wird damit selbst ihren Standort an der Seite der Unterdrückten und Ausgebeuteten und als Kirche der Armen finden.

Soziale Bewegungen für soziale Gerechtigkeit geraten dezidierter ins Blickfeld der Soziallehre, indem ihre grundlegende soziale und politische Bedeutung in den „politischen Arenen" herausgestellt und eingefordert wird. Sie werden als Akteure für eine andere, bessere Politik identifiziert.

„Laudato si": Radikaler Ausdruck einer Sozialbewegung von unten

Papst Franziskus setzt diesen Kurs fort und radikalisiert ihn in der Enzyklika „Laudato si". Und dies gleich in mehrfacher Hinsicht. Er redet nicht nur abstrakt über soziale Bewegungen, sondern redet mit ihnen, lernt und macht sich zum Sprecher ihres revolutionären Programms der Solidarität. Er folgt einer „Befreiungstheologie", die den „Drei-Schritt" von „Sehen – Urteilen – Handeln" in den Mittelpunkt stellt und das „Sehen" – die Analyse – nicht leisten will, ohne die Stimmen der Betroffenen selbst zu Wort kommen zu lassen und eine „optionale" Sicht der Dinge voranzustellen.

Vom 27. – 29. Oktober 2014 trifft sich der Papst in Rom deshalb mit 100 sozialen Bewegungen aus allen Teilen der Welt. Auf der Tagesordnung stehen die drei Hauptthemen: Land, Arbeit und Wohnen.

Vor allem die beiden Themen Land und Wohnen nehmen in der Enzyklika „Laudato si" einen breiten Raum ein und dies ist kein Zufall, denn das Welttreffen muss als Konsultation

des Papstes mit sozialen Basisbewegungen im Vorfeld der Abfassung der Enzyklika eingeordnet werden, deren Ergebnisse maßgeblich in die Enzyklika eingegangen sind.

Papst Franziskus hält diese Bewegungen für diejenigen, welche über große Kompetenzen verfügen, die diese im Kampf für Gerechtigkeit erworben haben. Sie wissen, worum es geht: die brasilianische Landlosenbewegung MST, der sambische Obdachlosen-und Armen-Verband, die kurdische Jugendorganisation aus Syrien und die Vereinigung koreanischer Bäuerinnen und viele andere. Alles im Vergleich zu den Global Player wie WWF und Greenpeace kleine Bewegungen, die unmittelbar Betroffene organisieren.

Setzten Päpste vormals fast ausschließlich auf wissenschaftliche Beratung und Expertise, baut Papst Franziskus „daneben“[91] auf die persönliche Begegnung und den Dialog mit Vertreterinnen und Vertreter der „Armenbewegungen“ und dies nicht in Einzelaudienz, sondern indem er die soziale Kommunikation untereinander, Dialog und Austausch organisiert, zu einer Qualifizierung des Erfahrungswissens der Betroffenen ermutigt. Eindeutig setzt Papst Franziskus auf die kleinen Bewegungen sozialer Gerechtigkeit, die er folgendermaßen in seiner Ansprache auf dem internationalen Treffen im Vatikan charakterisiert: „Ihr gebt Euch nicht zufrieden mit illusorischen Versprechungen, Ausreden oder Alibis. Ihr wartet auch nicht untätig darauf, dass Nichtregierungsorganisationen, Sozialpläne bzw. Hilfsmaßnahmen Euch beistehen, die nie ankommen, oder wenn sie ankommen, häufig nur dazu dienen, entweder zu narkotisieren oder zu domestizieren. Das sind gefährliche Mittel. Ihr glaubt, dass die Armen nicht länger warten, sondern die Sache selbst in die Hand nehmen wollen, sich organisieren, studieren, arbeiten, reklamieren und vor allem diese besondere Art von Solidarität praktizieren, die es unter den Leidenden, unter den Armen gibt und die unsere Zivilisation vergessen zu haben scheint, oder zumindest allzu gerne vergessen machen möchte.“[92]

Überdeutlich ist die Kritik an großen NGOs, aber auch an Sozialplänen und Hilfsmaßnahmen „von oben“, denen der Papst misstraut. Er nimmt damit gleichzeitig die vielfach belegten Vorbehalte und die Kritik der kleinen Bewegungen auf, über deren Köpfe hinweg „die Großen“ bestimmen, was für sie gut ist.[93]

Der Papst setzt auf die Solidarität der „kleinen Leute" und ihre Solidaritätsbewegungen vor Ort, die wissen, worüber sie reden und was die Auswirkungen verordneter Maßnahmen sind, die oft gut gemeint, aber nicht gut gelungen sind, mehr Schaden anrichten als nutzen und vor allem die Vorherrschaft der Mächtigen gegenüber den Betroffenen zementieren.

Den Wert der Solidarität, der Ausdruck und strukturierendes Moment der kämpferischen Selbsthilfe der Betroffenen vor Ort ist, stellt das Vergessene einer „Zivilisation" dar, die diesen Wert geringschätzt bis hin zu Leugnung seiner Bedeutung. Der Papst hält dagegen!

Die Kirche als „Hörerin des armen Volkes" und Solidarität soll Geschichte schreiben!

Anders formuliert: Wenn moderne gesellschaftliche Differenzierungs- und Machtprozesse sich vorrangig durch Geld, Macht und Solidarität als „Steuerungsmedien" konstituieren, wie z. B. der Philosoph und Soziologe Jürgen Habermas konstatiert,[94] trifft der Papst diesbezüglich eine klare Option für die Solidarität, die gegenüber dem Domestizierungsprojekt des globalen Kapitalismus die entscheidende Ressource im Kampf gegen Unterdrückung, Ausbeutung und Bevormundung ist. Genau in diese Richtung und in dieser Abgrenzung definiert Papst Franziskus seine Vorstellung von Solidarität. Zur Bedeutung des Wortes „Solidarität" führt er aus: „Es meint, dass man denkt und handelt im Sinne von Gemeinschaft, dass das Leben aller wichtiger ist als die Güteranhäufung einiger weniger. [Solidarität] meint auch, die strukturellen Ursachen von Armut und Ungleichheit zu bekämpfen, wenn Arbeitsplätze fehlen, Land oder Wohnraum nicht zur Verfügung stehen, wenn Sozial- und Arbeitsrechte vorenthalten werden. [Solidarität meint], sich zu konfrontieren mit den zerstörerischen Auswirkungen des Imperiums des Geldes: Zwangsumsiedlungen, leidvolle Migration, Menschenhandel, Drogen, Krieg, Gewalt und all jene Realitäten, unter denen viele von euch leiden und die zu ändern wir alle aufgerufen sind. Solidarität, in ihrer tiefsten Bedeutung, meint eine bestimmte Art, Geschichte zu gestalten. Und das ist es, was die Sozialen Bewegungen praktizieren."

Nicht Geld und Macht sollen die Geschichte gestalten, sondern Solidarität!

Geld und Macht haben oftmals verheerende Folgen, Solidarität ist das Mittel der Armen und ihrer Bewegungen, um Gegenmacht aufzubauen und wirksam werden zu lassen. Denn die Betroffenen haben gar keine andere Wahl, denn über Geld und Macht verfügen sie nicht. Was ihnen bleibt, ist Solidarität, der Aufbau solidarischer Strukturen, kleiner Bewegungen, denen der Papst eine hohe Dignität und Unmittelbarkeit bescheinigt: „Ihr steht mit euren Füßen auf dem Erdboden und berührt mit euren Händen Fleisch und Blut. Ihr riecht nach Elendsviertel, nach kleinen Leuten, nach Einsatz! Wir wollen, dass eure Stimme gehört werde. In der Regel hört man wenig auf sie. Vielleicht, weil sie ärgert, vielleicht, weil ihr Protestschrei unbequem ist, vielleicht, weil man Angst vor der Veränderung hat, die ihr fordert. Aber ohne eure Mitwirkung, ohne tatsächlich an die Peripherien zu gehen, bewegen sich alle guten Vorschläge und Projekte, von denen wir oft auf internationalen Konferenzen hören, nur im Reich der Ideen, bleibt es nur ein Projekt." Hier ist es wieder, das Programm des Papstes: An die Peripherien gehen und die Tat der weltverändernden Solidarität in den Mittelpunkt der dringend notwendigen Weltveränderung stellen – mit den und für die Armen, denn:

„Wir Christen haben etwas sehr Schönes, eine Handlungsanleitung, ein revolutionäres Programm (...)."

Davon kann und darf die Kirche selbst nicht unberührt bleiben, geht es doch um die Verteidigung „heiliger Rechte", die die Soziallehre der Kirche einklagt. Franziskus begreift die Kirche als lernende Kirche und nicht als eine „Überbauinstitution", die von vornherein schon weiß, was richtig und gut ist. Sie lernt an der Seite und im Kontext der kleinen, solidarischen und authentischen Bewegungen, das revolutionäre Programm des christlichen Glaubens in Taten umzusetzen und Armut offensiv zu beseitigen. Nicht um die Zähmung und das Unsichtbarmachen der Armen, nicht um deren Besänftigung geht es dabei, sondern darum, sie zu Subjekten der Geschichte zu machen: „Man kann den Skandal der Armut nicht bekämpfen, indem man Besänftigungsstrategien entwickelt, die nur beruhigen und die Armen zu domestizierten, harmlosen Kreaturen machen sollen."[95] Es geht um ein revolutionäres

Programm gegen den Skandal der Armut und gegen die bestehenden Herrschafts- und Machtstrukturen, um ein revolutionäres Programm zur Subjektwerdung der Armen.

Provokant formuliert: Die Kirche räumt (endgültig) ihre Stellung als antirevolutionäre Kraft![96]

Dieses Treffen hat in der Enzyklika „Laudato si" gerade bei den Themen Land, Arbeit und Wohnen tiefe Spuren hinterlassen. Einzelne Aussagen lassen sich auf die Erfahrungsberichte des Treffens zurückführen. Die Situationsanalyse in „Laudato si" etwa beim Thema Land ist stark von den Vertreibungs- und Unterdrückungserfahrungen der im Oktober 2014 anwesenden Landlosenbewegungen geprägt. Der Papst setzt sich ausdrücklich für die kleinbäuerliche Landwirtschaft und deren Unterstützung ein, eine Forderung, die beim Treffen der Sozialbewegungen mehrmals erhoben wurde. So heißt es in der Enzyklika ausdrücklich: „Es gibt zum Beispiel eine große Mannigfaltigkeit an kleinbäuerlichen Systemen für die Erzeugung von Lebensmitteln, die weiterhin den Großteil der Weltbevölkerung ernährt, während sie einen verhältnismäßig niedrigen Anteil des Bodens und des Wassers braucht und weniger Abfälle produziert (...). Die Größenvorteile, besonders im Agrarsektor, führen schließlich dazu, dass die kleinen Landwirte gezwungen sind, ihr Land zu verkaufen oder ihre herkömmlichen Produktionsweisen aufzugeben. Die Versuche einiger von ihnen, auf andere diversifiziertere Produktionsformen überzugehen, stellen sich am Ende als nutzlos heraus aufgrund der Schwierigkeit, mit den regionalen oder globalen Märkten in Verbindung zu kommen, oder weil die Infrastruktur für Verkauf und Transport den großen Unternehmen zur Verfügung steht. Die Verantwortungsträger haben das Recht und die Pflicht, Maßnahmen zu ergreifen, um die Kleinproduzenten und die Produktionsvielfalt klar und nachdrücklich zu unterstützen."[97]

In dieser Passage finden sich nicht nur die zentralen Ergebnisse und Forderungen des Weltagrarberichts von 2003[98] wieder, sondern das sind die ganz konkreten, alltäglichen Erfahrungen, die Sprache und die Forderungen der Landlosenbewegung, die hier übernommen und dann wenige Monate nach dem Treffen im Oktober 2014 in der Enzyklika „Laudato si" niedergelegt werden.

Diese Aufnahme in eine päpstliche Sozialenzyklika bedeutet einen radikalen Prozess der Aufwertung der Basiskompetenzen sozialer Bewegungen, eine Legitimierung ihrer Anliegen und ihres politischen solidarischen Agierens.

„Laudato si" kann dementsprechend als Ausdruck einer direkten „Lernbewegung" des päpstlichen Lehramtes im Kontext sozialer Bewegungen gewertet werden. Die Radikalität der Enzyklika in vielen Fragen verdankt sich diesem „Qualifizierungsprozess" durch die Ausgebeuteten und Unterdrückten selbst. Sie setzt damit Maßstäbe für alle sozialen Verlautbarungen der Weltkirche und der Ortskirchen, auch hier bei uns in Deutschland.

Die „neue" Subsidiarität: Nichts ohne die Bewegungen der Armen

Nicht nur der Prozess der Abfassung, sondern auch die Aussagen der Enzyklika selbst zeigen die besondere Stellung und Bedeutung, die Papst Franziskus den sozialen Bewegungen, insbesondere auch der Ökologiebewegung, zuweist. Ausdrücklich hält der Papst am traditionsreichen Subsidiaritätsprinzip für das politische und staatliche Handelns fest, füllt dessen Bedeutung aber mit deutlich basisdemokratischen Elementen auf, die aus seiner Sicht nicht nur gestärkt werden müssen, sondern zum Ausgangspunkt und unabdingbaren Voraussetzung politischen Handelns und aller Entscheidungen zu machen sind. Diese weitreichende Akzentverschiebung ergibt sich konsequent aus der analytischen Grundlage der Enzyklika, nach der die Wirtschafts- und Finanzinteressen in einem „Top-Down-Prozess" die Herrschaft über die Politik übernommen haben.[99] Der Vermachtung der Politik durch Finanzinteressen und der Unterwerfung der Politik „unter" die Wirtschaft[100] setzt Papst Franziskus die Vorstellung einer sozialen Basisdemokratie entgegen, die auf die Kompetenzen der Betroffenen vor Ort setzt. Subsidiarität muss die Durchlässigkeit des Systems sicherstellen, damit vorrangig diese Interessen zum Tragen kommen können.

Subsidiarität wird vom vormals in der Soziallehre der Kirche stark formalen Ordnungsprinzip des Staatsaufbaus hin zu einer basisdemokratischen Methode politischen Handelns fortge-

schrieben, die den solidarischen Basisbewegungen eine besondere Dignität und Stellung einräumt, nach dem Motto: Nichts ohne sie!

Im diesem Kontext steht auch die Forderung des Papstes nach einer „diskursiven", aber auf Konsens unter allen Beteiligten ausgerichtete Politik, in der die Einwohner vor Ort einen privilegierten Platz einnehmen. Zu dem notwendigen basisdemokratischen Prozess der völligen Transparenz gibt Papst Franziskus folgende konkrete „Handlungsanweisung": „Immer ist es notwendig, den Konsens unter den verschiedenen gesellschaftlichen Akteuren einzuholen, die unterschiedliche Perspektiven, Lösungen und Alternativen beisteuern können. Einen privilegierten Platz in der Diskussion müssen jedoch die Einwohner vor Ort haben, die sich fragen, was sie für sich und für ihre Kinder wollen, und die auch Ziele in Betracht ziehen können, die das unmittelbare wirtschaftliche Interesse übersteigen. Man muss den Gedanken an ‚Eingriffe' in die Umwelt aufgeben, um zu einer von allen betroffenen Parteien durchdachten und diskutierten Politik zu kommen. Die Beteiligung verlangt, dass alle über die verschiedenen Aspekte sowie über die unterschiedlichen Risiken und Möglichkeiten angemessen informiert sind und dass sie nicht auf die Anfangsentscheidung über ein Projekt reduziert wird, sondern auch Maßnahmen zur Kontrolle oder der ständigen Überwachung einschließt."[101]

Basisdemokratie: Der neue Weg der Kirche?

In dieser Aussage finden sich die klassischen basisdemokratischen Elemente des herrschaftsfreien Dialogs bzw. der herrschaftsfreien Kommunikation (Jürgen Habermas), der Kompetenzprivilegierung der unmittelbar Betroffenen, der völligen Transparenz des Verfahrens und der demokratischen Kontrolle zu allen Zeiten auf allen Ebenen und durch alle Beteiligten. Deutliche Anschlusspunkte ergeben sich hier zu einem basisdemokratisch radikalisierten Konzept sozialer Demokratie[102] bis hin zu Vorstellungen, wie sie in der Bundesrepublik insbesondere im Zuge der Entstehung der neuen sozialen Bewegungen zu Beginn der 1980er Jahre verstärkt diskutiert (und dann aufgegeben) wurden. Allerdings bleibt der Papst in seinen Ausführungen diesbezüglich eher vage und eine Bezugnahme auf die traditionelle „Staatslehre" und Politikmuster der Soziallehre der Kirche erfolgt nicht, allenfalls in Ansätzen.

Deutlich wird aber die Modifizierung des klassischen Subsidiaritätsprinzip als gesellschaftliches und politisches „Aufbauprinzip", das eher eine Rangfolge politischer Akteure von unten nach oben im Auge hat und ein Eingriffsrecht durch die höhere Ebene bzw. Organisationsform nur dann vorsieht, wenn die untere Ebene ihre Aufgaben nicht wahrnehmen kann. „Laudato si" scheint vielmehr von einem Subsidiaritätsprinzip als „Durchdringungsprinzip" gekennzeichnet, indem alle höheren Ebenen von den „Perspektiven, Lösungen und Alternativen"[103], die von den Betroffenen entwickelt werden, durchdrungen sein muss. An der Primärzuständigkeit nichtstaatlicher Zusammenschlüsse und Organisationen hält der Papst fest, weicht aber das „Vorrang-Nachrang-Verhältnis" zugunsten einer Durchdringung aller Ebenen durch die „Option für die Armen" und die einzubindenden Interessen der Armen und Betroffenen auf, indem er ihnen einen durchgehenden privilegierten Ort auf allen Ebenen einräumt.

Die Armen und ihre solidarischen Bewegungen werden also nicht auf der unteren lokal-politischen Entscheidungsebene durch das Subsidiaritätsprinzip „eingeschlossen", sondern alle Ebenen sollen ihnen „erschlossen" werden. Es geht nicht in erster Linie um nachfolgende, repräsentative, höhere Ebenen, die die Anliegen und Interessen der Armen quasi aufnehmen und repräsentativ vertreten, sondern um die grundlegende Ausrichtung und Verpflichtung aller Ebenen auf die Belange der Betroffenen, die gleichzeitig an allen Entscheidungen auf allen Ebenen zu beteiligen sind.

Dabei handelt es sich nicht nur um ein Informationsrecht, sondern um ein basales Mitbestimmungsrecht. Nur so ist der systemisch festgeschriebenen Verbindung von Solidarität und Subsidiarität (auf die Oswald von Nell-Breuning großen Wert legte)[104] der ordnungspolitisch geprägten, klassischen Soziallehre der Kirche, die ihren Ausdruck in der Befähigung zur Selbsthilfe und praktischen Formen der Selbsthilfe findet, überhaupt Erfolg beschieden. Denn im Hinblick auf die realen politischen und wirtschaftlichen Macht- und Herrschaftsstrukturen ist der Papst mehr als skeptisch, ob diese überhaupt in der Lage sind, die

„subsidiären" Belange und Interessen der Armen zu berücksichtigen, geschweige denn adäquat zu transportieren. Vielmehr gilt nämlich, dass die höheren Ebenen – durchdrungen und bestimmt durch die politisch und wirtschaftlich Mächtigen – unzulässige und tief schädigende Eingriffe in das Leben der Armen und deren Selbsthilfe nicht nur vollziehen, sondern diese Eingriffe sogar leugnen bzw. unsichtbar machen.

Darum akzentuiert der Papst das Subsidiaritätsprinzip im Kontext der realen Macht- und Herrschaftsverhältnisse, die die Sozialenzyklika an vielen Stellen geißelt, (zaghaft) neu. Ihn treiben gravierende Fragen um: Was ist, wenn auch dieses gute Prinzip der Soziallehre der Kirche längst zu einem „Instrument" der Mächtigen und ihrer Interessenabsicherung geworden ist bzw. dazu missbraucht wird und werden kann? Und wenn so das Gute nicht mehr zum Tragen kommt? Ist es dann nicht notwendig, die oftmals wirtschaftliche Profitinteressen der Mächtigen kaschierende und damit vordergründige Propagierung der „Hilfe zur Selbsthilfe" durch die Forderung nach Selbstbestimmung der Armen und deren wirksame Umsetzung zu ersetzen, zumindest zu ergänzen? Und dies in Fortführung und Aktualisierung der Soziallehre der Kirche?

Das klassische Subsidiaritätsprinzip setzte auf Ermöglichung, das neu akzentuierte in „Laudato si" auf eine unverzichtbare „Durchdringung" aller sozialen, wirtschaftlichen und politischen Ebenen und Belange im Interesse der Betroffenen.

Ziel ist die Absicherung des privilegierten Platzes der Einwohner vor Ort, die auch als Anwälte kommender Generationen fungieren. Das Subsidiaritätsprinzip wird im Kontext der realen machtpolitischen Strukturen „auf den Kopf" gestellt: Die Betroffenen und ihre sozialen Bewegungen sind nicht „subsidiär", sondern primär.

Ethik sozialer Bewegungen von unten – Verpflichtung auf das Gemeinwohl

Dass es aber keinen Automatismus für das Gelingen basisdemokratischer Prozesse gibt, dessen ist sich Papst Franziskus durchaus bewusst, denn einen Konsens oder Kompromiss zu finden, ist bei widerstrebenden Interessenlagen keine „leichte Sache", die sich quasi durch Verfahrensweisen von selbst ergibt. Prozesse in den „politischen Arenen" sind die notwendige Voraussetzung der Interessenformulierung und Willensbildung, aber diese müssen formal abgesichert werden. Es bedarf neben der „ethischen Anreicherung" sozialer Bewegungen zum Gelingen einer entsprechenden Institutionalisierung durch den demokratischen Staat, der diese Prozesse und Verfahrensweisen absichert.

Es muss einen funktionierenden demokratischen Rechtsstaat geben, der insbesondere durch das Recht die Spielregeln festlegt, garantiert und durchsetzt, sich als Institution dem Gemeinwohl verpflichtet weiß und Kreativität frei setzt.

Dabei geht es auch um präventives staatliches Handeln, also um einen Staat, der nicht erst aktiv wird, wenn die Missstände bereits eingetreten sind: „Ein Faktor, der als ordnende Kraft wirkt, ist das Recht, das unter Berücksichtigung des Gemeinwohls die Regeln für das zulässige Verhalten aufstellt. Die Grenzen, die eine gesunde, reife und souveräne Gesellschaft setzen muss, sind verknüpft mit: Vorausschau und Umsicht, angemessenen Reglementierungen, Überwachung der Anwendung der Vorschriften, Bekämpfung der Korruption, Aktionen wirksamer Kontrolle der unerwünschten Wirkungen der Produktionsprozesse und zweckmäßigem Eingreifen angesichts ungewisser oder möglicher Risiken. Die Rechtsprechung ist in zunehmendem Maß darauf ausgerichtet, die Verschmutzungen durch unternehmerische Aktivitäten zu verringern. Doch der politische und institutionelle Rahmen existiert nicht nur, um Missstände zu vermeiden, sondern um die besten Verhaltensweisen zu fördern und die Kreativität anzuregen, die neue Wege sucht, um die persönlichen und kollektiven Initiativen zu erleichtern."[105]

Das ist der institutionelle Rahmen der für gelingende Basisprozesse und einen Aufbau einer „Politik von unten" unerlässlich ist. Für das staatliche Handeln gilt dabei heute verstärkt: Nationale Interessen müssen hinter das globale Gemeinwohl zurücktreten, sind diesem verpflichtet, was in Konsequenz eine nationale Politik bedeutet, die sich stringent an der Beseitigung der globalen Probleme der Umweltzerstörung und der Beseitigung der Armut ausrichtet. Aber auch hierbei gilt, dass es kein einheitliches Lösungsmodell gibt, sondern – ganz in einem basisdemokratischen Sinn – der Vorrang und die Kompetenzen bei den lokalen Akteuren liegt, die differenzierte und passgenaue Lösungen entwickeln. Es gibt nicht ein Universalmodell, nicht *den* „goldenen Weg" in die Zukunft, sondern unterschiedliche Probleme verlangen nach differenzierten Lösungen, nach vielen Wegen. Dabei ist nicht der Eingriff von oben und von außen der richtige, sondern wiederum an der Basis, in der lokalen Kultur finden sich die Möglichkeiten zu kreativen und erfolgversprechenden Lösungen: „Deshalb führt das Bestreben, alle Schwierigkeiten durch einheitliche gesetzliche Regelungen oder technische Eingriffe zu lösen, dazu, die Vielschichtigkeit der örtlichen Problematiken zu übersehen, die ein aktives Einschreiten der Bewohner notwendig machen. Die neuen, in Entwicklung befindlichen Prozesse können nicht immer in Schemata eingefügt werden, die von außen festgelegt werden. Sie müssen vielmehr aus der eigenen lokalen Kultur erwachsen."[106]

Ein weiteres „Element" muss hinzukommen, damit basisdemokratische Prozesse und die „Freiheit des Lokalen" gelingen können: eine strikt ethische, moralische und soziale Orientierung aller Akteure und der sozialen Bewegungen, die auch die intakten Lebensmöglichkeiten kommender Generationen als ihre Aufgabe begreifen.

Durch diese Zukunftsperspektive und die Berücksichtigung der Rechte und Lebensmöglichkeiten kommender Generationen gewinnen die sozialen Bewegungen und die Politik zudem an Glaubwürdigkeit. Es geht um eine ganzheitliche Ökologie, deren Fundament „eine angemessene Anthropologie" ist: „Man kann vom Menschen nicht einen respektvollen Einsatz gegenüber der Welt verlangen, wenn man nicht zugleich seine besonderen Fähigkeiten der Erkenntnis, des Willens, der Freiheit und der Verantwortlichkeit anerkennt und zur Geltung bringt."[107]

Festgehalten werden kann also: „Laudato si" setzt als politisches Modell zur Durchsetzung der in der Enzyklika aufgezeigten notwendigen ökologisch-sozialen Transformation konsequent auf eine „Politik von unten", die von den Betroffenen selbst, den Menschen vor Ort und den sozialen Bewegungen gemacht und getragen wird. Sie sind die vorrangigen Akteure einer besseren Politik hin zu einer „Globalisierung der Solidarität".

Das Subsidiaritätsprinzip wird durch basisdemokratische Verfahren „radikalisiert", angereichert, im Hinblick auf die

bisherige Soziallehre der Kirche modelliert und konkretisiert, damit die Betroffenen, die Menschen vor Ort und die sozialen Bewegungen sich nicht nur in die politischen Prozesse einbringen, sondern diese auch maßgeblich mitbestimmen können.

Den kleinen sozialen Bewegungen für soziale Gerechtigkeit kommt so eine herausragende Rolle als politische Akteure zu. Aber diese handeln nicht „voraussetzungslos", sondern bedürfen der staatlichen Unterstützung, u.a. durch eine rechtliche Absicherung der demokratischen Verfahren und einer präventiven Politikausrichtung. Alle politischen Akteure unterliegen gleichermaßen einer Verpflichtung auf den gemeinsamen Dialog und das globale Gemeinwohl hin.

Im Vergleich mit der bisherigen Tradition der Soziallehre der Kirche ist die Betonung der Bedeutung sozialer Bewegungen zwar nicht neu, aber diese fiel bisher schwach aus und wird in „Laudato si" eindeutig zugespitzt, indem Papst Franziskus sie als politische Akteure „ersten Ranges" in seinen basisdemokratischen Forderungen etabliert.

„Laudato si" hat eine „politische Strategie", wie das Geforderte

auch umgesetzt werden kann, nämlich durch eine konsequente Beteiligung aller und eine Ethik sozialer Bewegungen von unten.

Ohne starken Staat ist kein Gemeinwohl zu machen!

Situiert man diese Aussagen der Enzyklika im Kontext derzeit aktueller Diskurse, wird deutlich, dass sich der Papst etwa gegen jenes Konzept und ein Verständnis von „Governance" wendet, welches staatliche Regulierungen und demokratisch-politische Prozesse („Government") allenfalls als nachrangig ansieht und auf freiwillige Vereinbarungen beteiligter Akteure („Stakeholder") setzt, die sich an Transparenz, Festschreibung von Verantwortlichkeiten, Rechenschaftspflichten und Fairness ausrichten sollen.[108] Beispiele hierfür sind die Absprachen, die etwa Produzenten zu bestimmten Labeln und Ökosiegeln treffen,[109] die dann die jeweiligen Produkte zertifizieren. Hier stehen freiwillige Verpflichtungen im Vordergrund, die in der Regel der staatlichen Kontrolle entzogen sind und eine mehr oder weniger bindende Absprache unter den beteiligten Akteuren darstellen.

Der Staat als Akteur soll in diesen Prozessen außen vor gehalten werden. Nicht selten werden diese Absprachen getroffen, um gerade gesetzlichen Regelungen und staatlichen Eingriffsrechten zuvorzukommen und damit Auflagen, Kontrollen und ggf. rechtliche Bindungen zu verhindern.

Ein breiteres Verständnis von „Governance" setzt vorrangig auf die Partnerschaft von Staat bzw. der öffentlichen Hand und privaten Unternehmen. Letzteres ist z. B. weltweit zur Finanzierung von Universitäten weit verbreitet, um „Drittmittel" von Unternehmen einzuwerben und die finanzielle Ausstattung und Forschung von Universitäten sicherzustellen. Ziel des Staates ist es hierbei, sich finanzieller Belastungen zu entledigen und die Privatisierung des öffentlichen Sektors voranzutreiben, also die Abgabe von Verantwortung und Zuständigkeiten zugunsten privater Unternehmen, denen Eingriffsrechte und Richtlinienkompetenzen eingeräumt werden, etwa in Form einer vorrangigen oder alleinigen Verwertung von Forschungsergebnissen. Politisch führen beide Konzepte bzw. Verständnisse zu einem „Rückgang der zentralisierten und hierarchischen Ausübung öffentlicher Macht."[110]

An die Stelle öffentlich kontrollierter und demokratisch legitimierter (staatlicher) Macht treten damit freiwillige Vereinbarungen, Absprachen und vertragliche Regelungen durch private Akteure, die in erster Linie von eigenen wirtschaftlichen Interessenlagen bestimmt sind. Das Gemeinwohl, zu dessen Hüterin die Soziallehre der Kirche vorrangig den Staat bestimmt und zu dessen Einhaltung und Förderung normativ verpflichtet, wird ausgeschlossen bzw. seine Rolle so modifiziert, dass er allenfalls „gleicher Partner unter Gleichen" ist, obwohl unterschiedliche Legitimierungen zwischen demokratischem Staat und etwa privaten Unternehmen gegeben sind bzw. gegeben sein sollten.

An die Stelle des Gemeinwohls aller tritt das Wohl Einzelner oder das egoistischer Interessengruppen.

Zwar kann generell nicht ausgeschlossen werden, dass freiwillige Kontrakte nach „Governance-Verfahren" am Gemeinwohl ausgerichtet werden und diesem dienen, aber ein Automatismus kann ebenso nicht unterstellt werden, denn die Förderung des Gemeinwohls ist weder ein konstitutiver Ausgangspunkt noch eine normative Zielsetzung für alle Beteiligten. Das Politische wird umdefiniert „als einen Bereich des Management oder der Verwaltung und konzipiert den öffentlichen Raum als ‚einen Bereich von Strategien, Techniken und Verfahren, durch die verschiedene Kräfte und Gruppen versuchen, ihre Programme funktionsfähig zu machen.'"[111] Wendy Brown weist auf die weitreichenden Folgen für eine funktionierende Demokratie hin: „Die Governance begreift also die Demokratie grundlegend neu als verschieden und abgetrennt von der Politik und der Ökonomie: Die Demokratie wird zu einem reinen Verfahren und wird von den Kräften abgelöst, die ihr als Herrschaftsform Substanz und Bedeutung verleihen würden."[112]

In dieser „Formaldemokratie" wird die Partizipation aller auf die Kooperation weniger zur Verfolgung eigener Interessen reduziert. Die „Governance-Verfahren" sind Ausdruck der neoliberalen Ideologie, die den Ausschluss bzw. die Einschränkung staatlicher Funktionen und Aufgaben und die Degradierung des Staates zum Unternehmen („Deutschland AG") propagiert.

Demgegenüber hält „Laudato si" an der unabdingbaren Pflicht des Staates zur Gemeinwohlimplementierung und -verteidigung fest: „Die gesamte Gesellschaft – und in ihr in besonderer Weise der Staat – hat die Pflicht, das Gemeinwohl zu verteidigen und zu fördern."[113] Der Staat verfügt als einzige legitimierte Institution über die notwenigen Rechte und Möglichkeiten, dieser Pflicht nachzukommen.[114] Auch wenn die Machtverhältnisse sich deutlich verschoben haben und „einige Wirtschaftszweige mehr Macht ausüben als die Staaten selbst"[115], so geht es darum, dass die Politik die Macht über die Wirtschaft zurückgewinnt und die unrechtmäßige Machtübernahme rückgängig macht: „Wenn der Staat in einer Region seine Rolle nicht erfüllt, können einige Wirtschaftsgruppen als Wohltäter auftreten und unrechtmäßig die reale Macht übernehmen, indem sie sich bevollmächtigt fühlen, gewisse Normen nicht einzuhalten, und sogar Anlass geben zu verschiedenen Formen organisierter Kriminalität, zu Menschenhandel, Drogenhandel und Gewalt (...)." Gerade zur Lösung der anstehenden Menschheitsprobleme ist das Primat der Politik über die Wirtschaft – institutionalisiert im Staat und dessen Institutionen – unerlässlich, denn: „Wenn die Politik nicht imstande ist, eine perverse Logik zu durchbrechen, und wenn auch sie nicht über armselige Reden hinauskommt, werden wir weitermachen, ohne die großen Probleme der Menschheit in Angriff zu nehmen."[116]

No Governance! Für das Primat der Politik!

Die Absage an „Governance-Verfahren" ist überdeutlich.[117] Nicht die Schwächung des Staates und der Politik gegenüber der Wirtschaft muss das Ziel sein, sondern die Rückgewinnung des Primates von Politik und Staat über die Wirtschaft und die effektive Normierung aller wirtschaftlichen Prozesse im Sinne des Gemeinwohl mit dem Ziel, die Menschheitsprobleme zu lösen.

Papst Franziskus vertritt also ein dezidiert „etatistisches" Konzept, das die demokratische Politik und den demokratisch legitimierten Staat zum Regulativ für alle Bereiche des sozialen und wirtschaftlichen Lebens macht, damit Gemeinwohl, Solidarität und Gerechtigkeit gegenüber anderen Machtinteressen durchgesetzt werden können und Machtasymmetrie ausgeglichen wird.

Und gerade im Zeitalter der schwindenden Macht der Nationalstaaten kann auf den Staat nicht verzichtet werden. Angesichts der vernetzten und weltweiten Probleme plädiert Papst Franziskus für eine Transformation nationalstaatlicher Gewalt hin zu einer „echten politischen Weltautorität",[118] die die Funktionen der Nationalstaaten in sich aufnimmt bzw. fortführt und die Weltprobleme regelt. Nicht der Rückzug des Staates ist die Antwort auf die Veränderungen und Herausforderungen, sondern dessen Stärkung und Transformation auf eine höhere internationale Ebene. Auf das Verständnis wie demokratische Verfahren für Politik und Staat zu gestalten sind, wurde bereits hingewiesen: unter Vorrangstellung der Armen und Betroffenen und ihrer sozialen Bewegungen. Auf den Marktskeptizismus und die radikale Marktkritik des Papstes ebenfalls. Klar ist: Politik und Staat sind dem Markt vorgeordnet, haben die Spielregeln und den Ordnungsrahmen festzulegen, nach dem dieser sich zu richten hat. Auch hier: der Etatismus des staatlichen Regulativs!

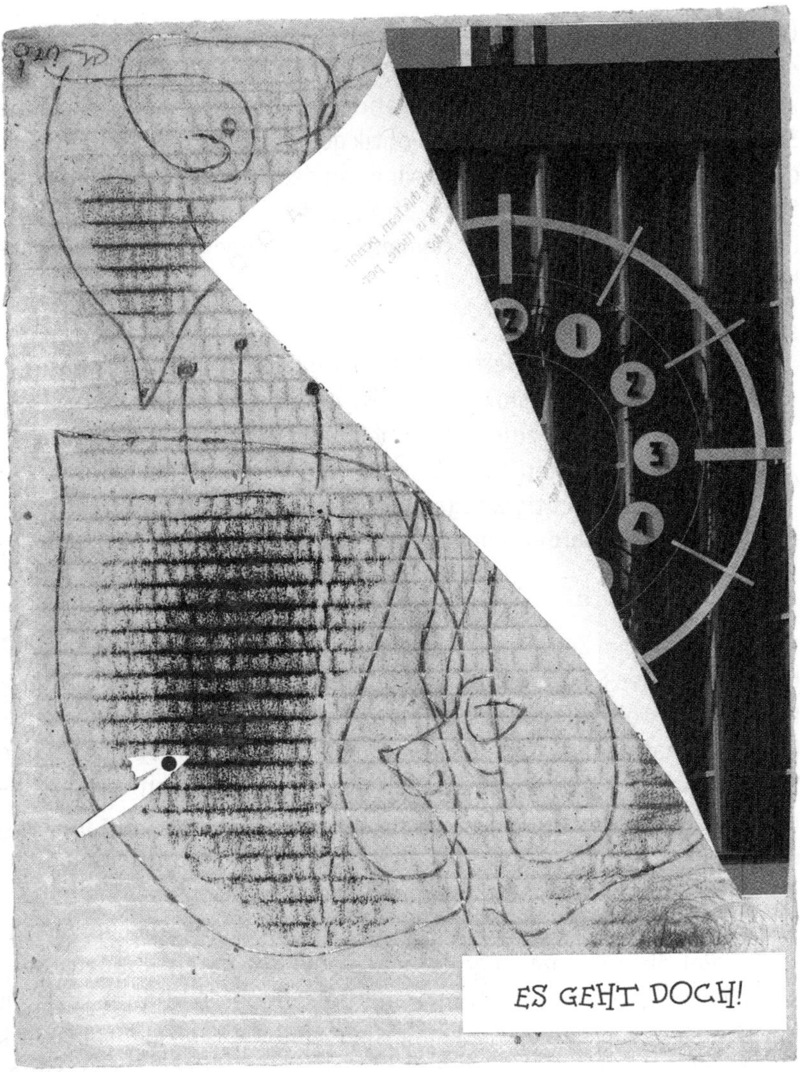

„Es geht doch!“ | Collage | 2016

Kapitel 4:

„Ich sehe schon die neue Stadt...“

„Und schon jetzt leben mehr als 850 Millionen Menschen in unzumutbaren Wohnverhältnissen. An Afrika südlich der Sahara hausen rund zwei Drittel der Stadtbevölkerung in Slums, in Asien etwa ein Drittel. Und in diesen Weltregionen wird auch 90 Prozent des Wachstums der globalen Stadtbevölkerung erwartet. (...) Das soziale Drama korrespondiert mit der ökologischen Plünderung.“

Manfred Ronzheimer[119]

„Recht auf Stadt“

Graffiti Hamburg

Eine bewohnbare Stadt aufbauen – Wie Papst Franziskus die Zukunft der Stadt gestalten will

Ein Thema spielt bisher in der Rezeption von „Laudato si“ kaum eine Rolle: Die Ausführungen der Sozialenzyklika zur Stadt bzw. zum städtischen Gemeinwesen. Dies ist umso erstaunlicher, als es sich hierbei um eines der Hauptthemen von „Laudato si“ handelt und gleichzeitig um eines der drängendsten Entwicklungen unserer Zeit. Deshalb soll an dieser Stelle auf diesen Themenbereich ausführlicher eingegangen werden.

Bereits in seinem Apostolischen Schreiben „Evangelii gaudium“ widmet der Papst dem Thema breiten Raum im Gesamtkontext seiner Überlegungen zur Evangelisierung, die das Hauptthema dieses Schreibens darstellt. Die Fakten sind bekannt: Unvermindert hält weltweit die Migration vom Dorf bzw. ländlichen Regionen in die Städte an. Urbanisierungsprozesse vollziehen sich durch Wanderungen in die industriellen Zentren und vor allem in die Megastädte.

Da, wo ländliche Regionen keine oder kaum Erwerbsmöglichkeiten und eine ausreichende Lebensunterhaltssicherung gewährleisten können und Kriege und Vertreibungen die notwendige Lebensgrundlage vernichten, machen sich Menschen auf den Weg in die Städte, auf der Suche nach einem menschenwürdigen und besseren Leben.

Für die Wanderung in die Stadt gibt es vielfältige politische, soziale, wirtschaftliche und individuelle Gründe.[120] Oft ist „Landflucht aus Armutsgründen" die Ursache. Einer der weltweiten Hauptgründe ist weiterhin die anhaltende Reduktion des Bedarfs an Arbeitskräften in einer zunehmend mechanisierten und industrialisierten Landwirtschaft. Im Jahr 2007 betrug der Anteil der Stadtbevölkerung an der weltweiten Gesamtbevölkerung ca. 50 Prozent. Tendenz weiter steigend. Das Bevölkerungswachstum in den Städten der Länder des globalen Südens ist heute doppelt so hoch wie in den Industrieländern. Von 2007 bis 2050 werden nach Schätzungen weitere 3,1 Milliarden Menschen in die städtische Agglomerationen einwandern. „Monat für Monat gewinnen die Städte Afrikas, Asiens und des Nahen und mittleren Ostens durch Migration und Geburt fünf Millionen Einwohner hinzu."[121]

Die städtische Infrastruktur in diesen Teilen der Welt ist bisher nur völlig unzureichend auf die Zuwanderung vor allem armer Migranten aus ländlichen Regionen eingestellt.

Urbane Verdichtungsprozesse gehen deshalb mit Marginalisierungen und Ausgrenzungen einher, die weitgehend von den Zugewanderten individuell bewältigt werden müssen. In den städtischen Randgebieten der Zuwanderungsstädte bilden sich Slums,[122] aus denen längst nicht alle den Aufstieg schaffen, sondern die Mehrheit der Zugewanderten nicht selten zum menschenunwürdigen Ausharren ohne Arbeit und Einkommen gezwungen und eine Rückwanderung wiederum in die Armut der ländlichen Herkunftsgebiete als einziger Ausweg möglich ist. In den Zuwanderungsarealen in den Ankunftsstädten fehlt es an einer ausreichenden öffentlichen Infrastruktur für Trinkwasser-, Abwasser- und Energieversorgung, an Schulen, Krankenhäusern und öffentlichen Verkehrsanbindungen.

Derweil schottet sich die reiche Oberschicht und die obere Mittelschicht in den sogenannten „Gated communities" ab, in geschlossenen Wohnkomplexen bis hin zu ganzen Wohnstädten, für die restriktive Zugangsbeschränkungen gelten und die durch Zäune, Mauern und Wachpersonal abgegrenzt werden.

Die „condomínios exclusivos" in Brasilien oder die „barrios cerrados" in Venezuela sind Beispiele einer Segregation städtischer Bezirke, Wohnviertel und Wohnanlagen,[123] in denen die Abgrenzung gegen die Armen, die städtische Kultur und das Bedürfnis der Reicheren nach Sicherheit räumlich manifest werden.[124] „Die Menschen werden sich in einer großen, endgültigen Verschiebung vom Landleben und der Landwirtschaft wegbewegen und in die großen Städte gehen. Das ist die Entwicklung, die vom 21. Jahrhundert am deutlichsten in Erinnerung bleiben wird – wenn man vom Klimawandel einmal absieht",[125] prophezeit Doug Saunders zu Beginn seines Buches „Arrival City". Diese Entwicklungen hat Papst Franziskus vor Augen, denn er kennt sie aus eigenen Erfahrungen, die er während seines Wirkens in Buenos Aires / Argentinien gemacht hat. [126]

Um die Aussagen in „Laudato si" zur Stadt richtig einordnen zu können, ist es notwendig, diese auf der Folie der Aussagen von „Evangelii gaudium" zu lesen, denn dem Grunde nach baut die Sozialenzyklika auf den Aussagen des Apostolischen Schreibens auf, konkretisiert und ergänzt einzelne Punkt. „Evangelii gaudium" liefert stärker einen theologischen Unterbau, der aber für die Aussagen in der Sozialenzyklika bedeutend ist. Deshalb ein kurzer Blick zurück auf das Apostolische Schreiben aus dem Jahr 2013.

Die Stadt in „Evangelii gaudium"

Im Apostolischen Schreiben „Evangelii gaudium" widmet Papst Franziskus dem Thema „Stadt" ein eigenes Unterkapitel mit der Überschrift „Herausforderungen der Stadtkulturen."[127] Zu Beginn stellt er den biblisch-theologischen Topos der neuen und heiligen Stadt Jerusalem heraus, den Ort, zu dem die ganze Menschheit unterwegs ist. Im Gegensatz zur lange Zeit weit verbreiteten christlichen Tradition der Betonung der Gefahren und der Versuchungen der Stadt, die das verruchte und zerstörte Babylon als abschreckendes Beispiel für die städtische Verlorenheit herausstellt, um als Gegensatz dazu das himmlische Jerusalem als umso strahlender erscheinen zu lassen, folgt der Papst dieser „manichäischen Dichotomie“ und der Verteufelung der Stadt in der kirchlichen Tradition ausdrücklich nicht.

Der „gegenwärtige“ Gott ist Stadtbewohner und Stadtbürger.

Gott inkarniert sich „in“ die menschliche Geschichte, indem er mit den Menschen zusammen in der Stadt lebt und Verbindungen schafft: „Wir müssen die Stadt von einer kontemplativen Sicht her, das heißt mit einem Blick des Glaubens erkennen, der jenen Gott entdeckt, der in ihren Häusern, auf ihren Straßen und auf ihren Plätzen wohnt. Die Gegenwart Gottes begleitet die aufrichtige Suche, die Einzelne und Gruppen vollziehen, um Halt und Sinn für ihr Leben zu finden. Er lebt unter den Bürgern und fördert die Solidarität, die Brüderlichkeit und das Verlangen nach dem Guten, nach Wahrheit und Gerechtigkeit. Diese Gegenwart muss nicht hergestellt, sondern entdeckt, enthüllt werden.“[128] Es geht also um die Entdeckung der göttlichen Offenbarung und Gottes selbst im städtischen Leben. Dies ist Aufgabe der Evangelisierung.

Die Stadt als Schmelztiegel ist Ort von verschiedenen Kulturen, Sprachen, Gewohnheiten, Symbolen und Paradigmen, die oftmals – so die Einschätzung des Papstes – auch im Gegensatz zum Evangelium stehen. Die Stadt schafft ständig Neues: „Eine neue Kultur pulsiert in der Stadt und wird in ihr konzipiert.“[129] Dies hat entsprechende Auswirkungen auf die Evangelisierung bzw. eine „Pastoral der Stadt“: „Das macht eine Evangelisierung nötig, welche die neuen Formen, mit Gott, mit den anderen und mit der Umgebung in Beziehung zu treten, erleuchtet und die grundlegenden Werte wachruft. Es ist notwendig, dorthin zu gelangen, wo die neuen Geschichten und Paradigmen entstehen, und mit dem Wort Jesu den innersten Kern der Seele der Städte zu erreichen.“[130]

Die Stadt von heute ist multikulturell, was neben anderen Faktoren zur Spaltung und Segregation der städtischen Kulturen und Bewohner führen kann bzw. führt: „Es gibt Bürger, die die angemessenen Mittel für die Entwicklung des persönlichen und familiären Lebens erhalten, andererseits gibt es aber sehr viele ‚Nicht-Bürger‘, ‚Halbbürger‘ oder ‚Stadtstreicher‘. Die Stadt erzeugt eine Art ständiger Ambivalenz. Während sie nämlich ihren Bürgern unendlich viele Möglichkeiten bietet, erscheinen auch zahlreiche Schwierigkeiten für die volle Lebensentfaltung vieler. Dieser Widerspruch verursacht erschütterndes Leiden.“[131] Das Schreiben nennt u.a. den Drogen- und Menschenhandel, Missbrauch und Ausbeutung von Minderjährigen durch Prostitution und Arbeit in Fabriken, die Preisgabe Alter und Kranker, Korruption und Kriminalität[132] sowie mafiöse Strukturen und Verbrechen allgemein.[133]

Auf diese segregierte und gespaltene Stadt ist die Evangelisierung „verwiesen“, denn an diesem Ort wird der Schrei der Armen gehört, hat sich die Kirche an die Seite der Ausgeschlossenen zu stellen, um den Sinn des Evangeliums und die göttliche Offenbarung tiefer zu entdecken.

Gibt sich der Papst einerseits bescheiden, indem er die Verkündigung des Evangeliums als „eine Grundlage“[134] ausmacht, die helfen kann, die Würde der Menschen wiederherzustellen, klingt andererseits ein gewisser kirchlicher Triumphalismus aus dem 19. Jahrhundert an, der die christliche Durchdringung der (Industrie)Stadt als einziges Allheilmittel zur Bekehrung der Stadt propagierte, allerdings in „Evangelii gaudium“ in einer gemilderten Variante, die vom „besten Heilmittel“ spricht und damit eine Hierarchie der Heilmittel gegeben sieht, wenn es heißt: „Der einmalige und volle Sinn des menschlichen Lebens, den das Evangelium verkündet, ist das *beste Heilmittel* (Hervorhebung M.S) gegen die Übel der Stadt, auch wenn wir bedenken müssen, dass ein Evangelisierungsprogramm und ein einheitlicher, starrer Evangelisierungsstil für diese Wirklichkeit nicht angemessen sind.“[135] In der Sozialenzyklika „Laudato si“ wird Papst Franziskus die Problemanzeigen, etwa zur materiellen Ungleichheit und zur kulturellen Heterogenität in den Städten, deutlich analytischer und „soziologischer“ fassen, die „Heilmittel“ differenzierter angehen und damit das Bild einer menschenwürdigen und bewohnbaren Stadt für alle vervollständigen.

„Laudato si“: Was bedroht das „gute Leben“ in der Stadt heute?

Gerade im einleitenden analytischen Teil von „Laudato si“ spricht der Papst etwa die Auswirkungen des Klimawandels für die Städte an. Der durch den Klimawandel verursachte Anstieg des Meeresspiegels bildet eine unmittelbare Bedrohung für die Megastädte: „Der Anstieg des Meeresspiegels, zum Beispiel, kann Situationen von äußerstem Ernst schaffen, wenn man bedenkt, dass ein Viertel der Weltbevölkerung unmittelbar oder sehr nahe am Meer lebt und der größte Teil der Megastädte sich in Küstengebieten befindet."[136] Aber auch Wassermangel bedroht die großen Städte. Insbesondere besteht eine Knappheit an Gemeinschaftswasser, insbesondere in Afrika.[137] Klimawandel, Wasserknappheit und andere Faktoren stellen Bedrohungen insbesondere für die großen Städte dar, die wiederum vorrangig die Armen treffen (werden). Eine der Gründe für die Zuwanderung in die Städte sieht der Papst in der erzwungenen Landflucht, die u.a. durch neue gentechnisch veränderte Getreidesorten verursacht wird, da diese eine Konzentration des Landbesitzes bzw. der Landbewirtschaftung erzwingen und kleine Produzenten verdrängen. Diesen bleibt so oftmals nur die Wanderung in die elenden Siedlungen der Städte und die „Schwächsten werden zu Arbeitern im Prekariat."[138]

Zwei Entwicklungen stellt die Sozialenzyklika besonders heraus: das ungezügelte Anwachsen der Städte bzw. die zunehmende Verstädterung und die sich daraus ergebenden Folgen.

Der Papst stellt fest: „Heute beobachten wir zum Beispiel das maßlose und ungeordnete Wachsen vieler Städte, die für das Leben ungesund geworden sind, nicht nur aufgrund der Verschmutzung durch toxische Emissionen, sondern auch aufgrund des städtischen Chaos, der Verkehrsprobleme und der visuellen und akustischen Belästigung. Viele Städte sind große unwirtschaftliche Gefüge, die übermäßig viel Energie und Wasser verbrauchen. Es gibt Stadtviertel, die, obwohl sie erst vor Kurzem erbaut wurden, verstopft und ungeordnet sind, ohne ausreichende Grünflächen. Es entspricht nicht dem Wesen der Bewohner dieses Planeten, immer mehr von Zement, Asphalt, Glas und Metall erdrückt und dem physischen Kontakt mit der Natur entzogen zu leben."[139]

Das Gegenstück zum Chaos der ungeordnet wachsenden Stadt und zu dem unwirtlichen städtischen Gefüge sieht Papst Franziskus in einer städtischen Entwicklung, die einem Ordnungsschema folgt, Gesundheit für die Bewohner garantiert und ein Leben im Einklang mit der Natur und unter Berücksichtigung der ökologischen Folgen der städtischen Entwicklung

ermöglicht. In diesem Sinne bewohnbare Städte sind Städte, die dem menschlichen Wesen entsprechen, sind Städte nach menschlichem Maß.

Spaltung und Segregation der Stadt

Auch die soziale Spaltung und Segregation spricht der Papst an, indem er die exklusive Privatisierung von Grund und Boden und die Abschottung kritisiert: „In einigen ländlichen und städtischen Zonen hat die Privatisierung von Geländen dazu geführt, dass der Zugang der Bürger zu Gebieten von besonderer Schönheit schwierig wird. Unter anderem werden ‚ökologische‘ Wohnanlagen geschaffen, die nur einigen wenigen dienen, wo man zu vermeiden sucht, dass andere eintreten und die künstliche Ruhe stören. Eine schöne Stadt voller gut gepflegter Grünflächen findet man gewöhnlich in einigen ‚sicheren‘ Gebieten, jedoch kaum in weniger sichtbaren Zonen, wo die von der Gesellschaft Ausgeschlossenen leben.“[140]

Die Ausgrenzung der Armen hat eine politische Dimension: Worüber die einen im Überfluss verfügen, nämlich eine Infrastruktur und Sicherheit in Fülle, das wir den anderen, den Ausgeschlossenen, vorenthalten. Diese Desintegration der Städte wird noch dadurch verschärft, dass sie nicht zur Kenntnis genommen wird, weil diejenigen, die die öffentliche Wahrnehmung und Meinung prägen, selbst in abgeschlossenen Enklaven leben und die Probleme und Nöte der Ausgeschlossenen nicht aus eigener Anschauung und Erfahrung kennen.

Die Lebenslage prägt die Wahrnehmung.

Papst Franziskus führt aus: „Ich möchte darauf hinweisen, dass man gewöhnlich keine klare Vorstellung von den Problemen hat, die besonders die Ausgeschlossenen heimsuchen. Sie sind der größte Teil des Planeten, Milliarden von Menschen. Heute kommen sie in den internationalen politischen und wirtschaftlichen Debatten vor, doch oft scheint es, dass ihre Probleme gleichsam als ein Anhängsel angegangen werden, wie eine Frage, die man fast pflichtgemäß oder ganz am Rande anfügt, wenn man sie nicht als bloßen Kollateralschaden betrachtet. Tatsächlich bleiben sie im Moment der konkreten Verwirklichung oft auf dem letzten Platz. Das ist zum Teil darauf zurückzuführen, dass viele Akademiker, Meinungsmacher, Medien- und Machtzentren weit von ihnen entfernt angesiedelt sind, in abgeschlossenen Stadtbereichen, ohne in direkten Kontakt mit ihren Problemen zu kommen. Sie leben und denken von der Annehmlichkeit einer Entwicklungsstufe und einer Lebensqualität aus, die für die Mehrheit der Weltbevölkerung unerreichbar sind. Dieser Mangel an physischem Kontakt und an Begegnung, der manchmal durch die Desintegration unserer Städte begünstigt wird, trägt dazu bei, das Gewissen zu ‚kauterisieren' und einen Teil der Realität in tendenziösen Analysen zu ignorieren. Das geht zuweilen Hand in Hand mit »grünen« Reden."[141]

Die sozial gespaltene und segregierte Stadt schafft strukturell keine ausreichenden Begegnungsräume und Kontaktmöglichkeiten, die die „Meinungsmacher" herausfordern würden, die „Welt der Armen" kennenzulernen, adäquat zu erfassen und sich die Nöte und Anliegen der Ausgeschlossenen zu eigen zu machen.

Strukturelle Abgrenzung durch chaotische „Stadtentwicklung" korrespondiert mit individueller Abschottung in den „Gated Communities".

Von der desintegrativen zur bewohnbaren Stadt

Die desintegrierte Stadt bringt auf der einen Seite äußerst negative Entwicklung vor allem in den Zonen der Ausgeschlossenen, in den Quartieren der Armen hervor. Extreme Entbehrungen, fehlende Harmonie und Integration begünstigen das „Aufkommen von inhumanen Verhaltensweisen und die Manipulation der Menschen durch kriminelle Organisationen."[142] Das Wechselspiel von Vermassung und soziale Anonymität führt zur Entwurzelung und zu asozialen und gewaltbereiten Verhaltensweisen. Auf der anderen Seite gibt es jedoch eine positive Entwicklung der Stadt, die durch die Liebe getragen ist: „Viele Menschen in diesen Lebensumständen sind in der Lage, Bande der Zugehörigkeit und des Zusammenlebens zu knüpfen, die das Gedränge in eine Gemeinschaftserfahrung verwandeln, wo die Wände des Ichs durchbrochen und die Schranken des Egoismus überwunden werden.

Diese Erfahrung gemeinschaftlichen Heils ist das, was gewöhnlich kreative Reaktionen auslöst, um ein Gebäude oder ein Wohnquartier zu verschönern."[143]

Die Sozialenzyklika weist damit auf die besondere Bedeutung familiärer und sozialer Netzwerke, von Kooperation und gemeinsamer Gestaltung einer Infrastruktur durch die Bewohner dieser städtischen Bereiche selbst hin, die für den Aufstieg eines städtischen Bezirkes, die Integration und die soziale Mobilität sowie den sozialen Aufstieg der Bewohner der Zuwandererstädte mitentscheidend sind.

Diese Stadtentwicklung von unten bedarf einer wirksamen Unterstützung durch eine entsprechende Stadtpolitik und seitens des Staates, um erfolgreich zu sein.[144]

Dem negativen Befund zur städtischen Entwicklung setzt „Laudato si" also das Leitbild einer bewohnbaren Stadt entgegen, die durch soziale Integration und in ihrer Entwicklung und Identität von ihrem historischen, künstlerischen und kulturellen Erbe geprägt ist. Dieses Erbe bestimmt maßgeblich die Identität eines Ortes mit. Deshalb reicht auch der Bau von ökologischen Städten allein nicht aus: „Es geht nicht darum, etwas zu zerstören und neue, angeblich umweltfreundlichere Städte zu bauen, in denen zu wohnen nicht immer wünschenswert ist. Die Geschichte, die Kultur und die Architektur eines Ortes müssen eingegliedert werden, so dass seine ursprüngliche Identität bewahrt bleibt. Deshalb setzt die Ökologie auch die Pflege der kulturellen Reichtümer der Menschheit im weitesten Sinn voraus."[145]

Die bewohnbare Stadt ist die Kultur bewahrende Stadt, einer örtlichen Kultur „ganz besonders in ihrem lebendigen, dynamischen und partizipativen Sinn."[146]

Das Schaffen einer bewohnbaren Stadt steht im Dienst einer „ganzheitliche Verbesserung der menschlichen Lebensqualität." Diese ist deshalb dringend notwendig, da Orte unsere Identität prägen und ausdrücken: „Die Szenerien, die uns umgeben, beeinflussen die Weise, wie wir das Leben sehen, wie wir empfinden und wie wir handeln. Zugleich machen wir in unserem Zimmer, in unserem Haus, an unserem Arbeitsplatz und in unserem Stadtbezirk von der Umwelt Gebrauch, um unsere

Identität auszudrücken."[147] Deshalb müssen die Stadtplaner auch die Menschen und ihre Leben verstehen, für die sie Stadtentwicklung betreiben bzw. Städte planen. Stadtplaner sollen Diener der Schönheit sein. Schönheit und Kreativität finden ihren Ausdruck in der Erhöhung der Lebensqualität und vor allem in der Förderung von Begegnung und gegenseitiger Hilfe der dort lebenden Menschen. Stadtentwicklung und -planung ist aber kein Prozess der von oben herab von Experten betrieben werden kann, sondern entsprechend dem erweiterten Subsidiaritätsprinzips der Sozialenzyklika[148] müssen „die Ansichten der betroffenen Bevölkerung immer die Analysen der Städteplanung ergänzen."[149]

Eine bewohnbare und sozial integrierte Stadt ist das Ergebnis eines Kommunikations-, Entscheidungs- und Beteiligungsprozesses aller.

Durch diese Prozesse werden auch Kreativität und Engagement von einzelnen und Vereinigungen freigesetzt, die für den öffentlichen Raum erforderlich sind, „um etwas, das allen gehört, zu schützen, zu sanieren, zu verbessern oder zu verschönern."[150] Mitsprache erzeugt Verantwortung und aktives Mittun im Dienst einer bewohnbaren Stadt für alle.

In der Stadt „Zuhause-Sein"

Die Kultur der bewohnbaren Stadt findet ihren sichtbaren Ausdruck in gepflegten öffentlichen Plätzen und im städtischen Panorama sowie in urbanen Bezugspunkten, mit denen sich die Menschen identifizieren und an denen sie sich treffen können. Auch hierdurch entsteht das Gefühl der Verwurzelung und Zugehörigkeit in bzw. zu einer Stadt sowie „des Zuhause-Seins".[151] Es entwickelt sich so bei allen Bewohnern ein positives Verhältnis zur ganzen Stadt, das „Bild" einer integrierten und sozial durchlässigen Stadt, ein „Wir-Gefühl" aller. Die einzelnen Quartiere und Bestandteile der Stadt sollen sich zu einem Ganzen „zusammensetzen", mit dem alle, gleich ob arm oder reich, sich identifizieren können: „Wichtig ist, dass die verschiedenen Teile einer Stadt gut integriert sind und die Bewohner ein Gesamtbild haben können, statt sich in Wohnquartieren abzukapseln und darauf zu verzichten, die ganze Stadt als einen eigenen, gemeinsam mit den anderen genutzten

Raum zu erfahren. Jeglicher Eingriff in die städtische oder ländliche Landschaft müsste die Tatsache berücksichtigen, dass die verschiedenen Elemente des Ortes ein Ganzes bilden, das die Bewohner als ein kohärentes Bild mit seinem Reichtum an Bedeutungen wahrnehmen. Auf diese Weise sind die anderen nicht mehr Fremde und können als Teil eines ‚Wir' empfunden werden, das wir gemeinsam aufbauen."[152]

Neben den öffentlichen Plätzen und dem identitätsstiftenden Bewusstsein von der eigenen Stadt ist ein herausragendes Kennzeichen der bewohnbaren und sozial integrierten Stadt eine gute Wohnung für alle.

Die Wohnungsnot betrifft alle und muss deshalb beseitigt werden, weil der Besitz einer Wohnung auch Ausdruck der Menschenwürde ist: „Nicht nur die Armen, sondern ein Großteil der Gesellschaft leidet unter ernsten Schwierigkeiten, eine eigene Wohnung zu erlangen. Der Besitz einer Wohnung hat viel mit der Würde der Personen und der Entfaltung der Familien zu tun. Es handelt sich um eine zentrale Frage der Humanökologie."[153] Bei Stadtsanierungen darf es deshalb nicht einfach um den Abriss von Häusern, ganzer Quartiere und um Umsiedlungen gehen, nicht um Entwurzelung und Vertreibung, sondern die problematischen Quartiere bedürfen der Umwandlung, Urbanisierung und Sanierung, damit sie Teil einer gastfreundlichen Stadt werden können. Zur Infrastruktur einer bewohnbaren und gastfreundlichen Stadt gehört ein Verkehrssystem, das die Anbindung der Quartiere sicherstellt und eine für alle verkehrstechnisch durchlässige und „mobile" Stadt schafft.

Aus ökologischen Gründen und Gründen des Flächenverbrauchs ist die Sozialenzyklika äußerst kritisch gegenüber dem Individualverkehr.

„Laudato si" optiert aufgrund von Fachmeinungen für einen Vorrang und eine deutliche Verbesserung der öffentlichen Verkehrsmittel, die zudem eine Befriedungsfunktion innehaben, da notwendige städtebauliche Maßnahmen und Sanierungen von den Betroffenen eher akzeptiert werden, wenn sich hierdurch die Mobilität durch eine gute öffentliche Verkehrsanbindung erhöhen kann.[154]

Das Recht auf eine „soziale" Stadt

Die Sozialenzyklika räumt dem Thema „Stadt" einen breiten Raum ein. Dabei steht die „soziale" Stadt im Vordergrund, weniger die ökologische oder energieeffiziente Stadt, wenngleich auch ökologische Maßnahmen, die an anderen Stellen der Enzyklika angemahnt werden, auch für den städtischen Raum Geltung beanspruchen dürften.[155] Vorrangig bleibt eine Kritik der unsozialen und segregierten Stadt, die es durch Verbesserungen des sozialen Zusammenhalts, der städtischen Identität und durch weitere Maßnahmen (partizipative Stadtplanung, Wohnungsbau, Pflege öffentlicher Plätze, verbesserte Verkehrsanbindung und Infrastruktur insgesamt) hin zur bewohnbaren, gastfreundlichen und sozial durchlässigen Stadt für alle zu entwickeln gilt.

Hier bleibt das päpstliche Schreiben im engeren Sinne eine Sozialenzyklika, die ihrem humanökologischen Paradigma in erster Linie im Blick auf das Soziale gerecht wird: Stadtentwicklung stellt vorrangig Anforderungen an eine soziale Transformation, der in der Enzyklika auch ökologische Aspekte beigemischt sind, aber nachrangig.

„Laudato si" befindet sich mit seinen Ausführungen zur sozialen Stadt auf der Höhe der laufenden Diskussionen zu Entwicklungen vor allem in den Megacities und der weltweiten Debatte zur städtischen Armutsbekämpfung. Ökologische Innovationen hat sie in diesem Kontext allerdings nicht zu bieten. Die Stadtökologie[156] ist nicht ihre Stärke. So fehlen etwa Themen wie städtisches Klima und Stadtböden, Flora und Fauna in diesem Themenkontext der Sozialenzyklika – zumindest werden keine systematischen Zusammenhänge hergestellt und aufgezeigt. Die Stärke des einen (des Themas „Soziales") bedingt die Schwäche des anderen (des Themas „Stadtökologie"). Gleichwohl hat die Konzentration auf die sozialen Aspekte städtischen Lebens und städtischer Entwicklung ihre Berechtigung, stellen diese doch die dringendsten Herausforderungen dar, die es zu bewältigen gilt, auch im Sinne der notwendigen ökologischen Verbesserung und Erneuerung der Städte und Agglomerationen weltweit.

Aber es gibt einen zweiten Aspekt, der auch beim Thema „Stadt" nur ansatzweise zur Sprache kommt, aber zumindest der systematische Verknüpfung bedürft hätte: die Verbindung zu den Orten menschlicher Arbeit!

„Ich sehe schon die neue Stadt...“

„Aralsee“ | Holzdruck | 2015

„Exodus“ | Steatit | 2016

Kapitel 5:

Der „blinde Fleck" – Die ökologische Arbeit!?

„Wir sägten Holz, griffen dabei nach einem Ulmenbalken und schrien auf. Seit im vorigen Jahr der Stamm gefällt wurde, war er vom Traktor geschleppt und in Teile zersägt worden, man hatte ihn auf Schlepper und Lastwagen geworfen, zu Stapeln gerollt, auf die Erde geworfen – aber der Ulmenbalken hatte sich nicht ergeben! Er hatte einen frischen grünen Trieb hervorgebracht – eine ganze künftige Ulme oder einen dichten, rauschenden Zweig. Wir hatten den Stamm bereits auf den Bock gelegt, wie auf einen Richtblock; doch wir wagten nicht, mit der Säge in seinen Hals zu schneiden. Wie hätte man ihn zersägen können? Wie sehr er doch leben will – stärker als wir!"

Alexander Solschenizyn[157]

Arbeit, Arbeit, Arbeit... über alles!?

Arbeit ist eines der Urthemen der Soziallehre der Kirche. Keine Sozialenzyklika ohne das Thema „Arbeit", wenn es auch in einigen der päpstlichen Schreiben stärker zugunsten anderer Themen in den Hintergrund getreten ist. Die letzte umfassende systematische Enzyklika zum Thema „Arbeit" stammt von Papst Johannes Paul II. aus dem Jahre 1981 und trägt den Titel „Laborem exercens".[158] Papst Franziskus nimmt auf sie in „Laudato si" an mehreren Stellen explizit Bezug.[159]

Ein Blick zurück: „Laborem exercens“ von 1981

Johannes Paul II. definiert in seiner laboristischen Sozialenzyklika Arbeit als „jede Art menschlicher Betätigung“, zu der nur der Mensch fähig ist. Arbeit ist also bereits für Johannes Paul II. mehr als (männliche) Erwerbsarbeit, eine Verengung, der die Anfänge der päpstlichen Soziallehre in weiten Teilen anheimgefallen waren. Die Arbeit des Menschen wird umfassend verstanden. Arbeit wird somit in „Laborem exercens“ als ein „Universalbegriff“ eingeführt, der nach christlicher Auffassung den Schlüssel zum menschlichen Dasein und zur Bestimmung des Menschen enthält. Arbeit ist „von überzeitlicher und grundlegender Bedeutung“[160] und bildet den zentralen „Dreh- und Angelpunkt der sozialen Frage.“[161]

Den Sinn der Arbeit erschließt „Laborem exercens“ grundlegend über die göttliche Offenbarung, also theologisch, und dies insbesondere im Rückgriff auf die biblische Botschaft, insbesondere das Buch Genesis. Dabei steht die Berufung des Menschen, sich die Erde untertan zu machen, im Vordergrund.[162] Der Sinn der Arbeit hat eine objektive und subjektive Dimension. Der objektive Sinn erschließt sich für den arbeitenden Menschen dabei durch die Bezüge, in denen der Mensch in Kontakt mit der Natur (Rohstoffe etc.) und dem technischen Fortschritt steht.[163] Der subjektive Sinn der Arbeit ergibt sich aus der Existenz des Menschen als Person und als Subjekt der Arbeit.[164] Ihre Verbindung finden die beiden „Sinnebenen“ der menschlichen Arbeit durch die Herrschaftsvollmacht, die dem Menschen bereits im Buch Genesis verliehen wird. Daraus zieht das Rundschreiben folgende Schlussfolgerung: „Als Person ist der Mensch daher Subjekt der Arbeit. Als Person arbeitet er und vollzieht die verschiedenen Schritte des Arbeitsganges, die unabhängig von ihrem objektiven Gehalt alle zur Verwirklichung seines Menschseins dienen, zur Erfüllung der ihm eben aufgrund seines Menschseins eigenen Berufung zum Personsein.“[165]

Wohl gemerkt: Johannes Paul II. ist der Auffassung, dass *alle* Schritte des Arbeitsgangs zur Verwirklichung und zum Personsein des Menschen betragen. „Laborem exercens“ legt in weiten Teilen in der Behandlung der menschlichen Arbeit einen hohen Abstraktionsgrad an den Tag, etwa wenn von konkreten Arbeitsprozessen und -abläufen und ihren Belastungen fast gänzlich abstrahiert wird.

Gleichwohl stellt Johannes Paul II. heraus: Nicht der Mensch ist für die Arbeit dar, sondern die Arbeit für den Menschen, damit dieser die Würde seiner Person verwirklichen kann.[166]

Johannes Paul II. setzt sich in seiner Arbeitsenzyklika für die Rechte der arbeitenden Menschen ein und prangert die Ausbeutung an,[167] bezeichnet die Solidarität der Arbeiterschaft als eine treibende und gerechtfertigte Kraft der Geschichte, betont den Vorrang der Arbeit gegenüber dem Kapital und damit den Primat des Menschen im Produktionsprozess,[168] untersucht den Zusammenhang von Arbeit und Eigentum[169] und fordert die Sicherung eines Arbeitsplatzes für alle, indem die Arbeitslosigkeit u.a. durch eine verstärkte Ausnutzung der Naturschätze beseitigt werden soll: „Während einerseits beträchtliche Naturschätze ungenützt bleiben, gibt es andrerseits Scharen von Arbeitslosen und Unterbeschäftigten und ungezählte Massen von Hungernden (...)."[170] Gerade in diesem Zitat zeigt sich, wie „Laborem exercens" – bei allen Differenzierungsversuchen und ausgeführten Kritiken – weitgehend noch auf dem Boden der Industriegesellschaft Anfang der 1980er Jahre (und der klassischen „Industriearbeit") steht, die das „Untertanmachen" der Schöpfung sowie die Ausbeutung von Rohstoffen als ein legitimes Mittel begriff, um Fortschritt und nicht zuletzt die Forderung nach Arbeit für alle einzulösen.

„Laudato si": Jesus war grün!

„Laudato si" setzt im Vergleich zu den Ausführungen Johannes Paul II. andere Akzente, schlägt aber – wie auch nicht anders zu erwarten – keine andere Richtung ein. Natürlich werden entsprechend dem Gebot zur Kontinuität und der Widerspruchsfreiheit der päpstlichen Soziallehre gegenüber dem Vorgänger die großen Gemeinsamkeiten sichtbar gemacht und betont. Aber stellt „Laborem exercens" Jesus von Nazareth noch als zur Welt der Arbeit zugehörig, als „Mann der Arbeit" und des „Werkvolks" heraus, der die Mühsal und Last der Arbeit mit allen Menschen geteilt hat,[171] betont „Laudato si" zwar auch die Heiligung der Arbeit durch Jesus, aber vorrangig zeigt sich ein anderes Verständnis: „Jesus lebte in vollkommener Harmonie mit der Schöpfung, und die anderen wunderten sich: ‚Was ist das für ein Mensch, dass ihm sogar die Winde und der See gehorchen?' (Mt 8,27). Er erschien nicht wie ein weltfremder und den angenehmen Dingen des Lebens feindlich gesonnener Asket."[172]

Jesus wird zum Vorläufer von Franz von Assisi stilisiert, der wie Jesus in Harmonie mit der göttlichen Schöpfung lebte. Der noch in „Laborem exercens" als Vorbild für die arbeitenden Massen offerierte, (hand)arbeitende Jesus verwandelt sich in der Sozialenzyklika von Papst Franziskus zum „ökologischen Jesus",[173] der im Einklang mit der Natur lebt.

Der einst bei Johannes Paul II. unter der Mühsal und Last der Arbeit sein Dasein fristende Jesus wird bei Papst Franziskus zum Menschen, der sich auch den schönen Dingen des Lebens und der göttlichen Schöpfung zugetan weiß. Was auf den ersten Blick nebensächlich zu sein scheint und beim Lesen ein gewisses Amüsement hervorruft, nämlich die Neuinterpretation und -akzentuierung der jesuanischen Lebensbeschreibung, deutet den neuen Akzent der Sozialenzyklika beim Thema „Arbeit" an, die deutlicher als bisher in der Soziallehre der Kirche in ökologische Zusammenhänge eingebettet wird.

Dies wird besonders auch dadurch evident, dass Papst Franziskus die zunehmende Veränderung der Lebens- und Arbeitsrhythmen konstatiert. Mit dem aus den lateinamerikanischen Sozialwissen stammenden Begriff „rapidación"[174] spricht der Papst einerseits die zunehmende Beschleunigung von Leben und Arbeiten an und andererseits die zunehmende Diskrepanz zwischen ökologischen und biologischen „natürlichen Zyklen" und den Zeitvorgaben bzw. dem Zeitdiktat eines durch Beschleunigung und Intensivierung gekennzeichneten Zeitalters.[175] Zyklus und Zeit, Langsamkeit und Zeitdruck geraten in einen Gegensatz zu einander und bestimmen den Arbeitsprozess ebenso wie den hektischen Konsumismus: „Wenn auch die Veränderung ein Teil der Dynamik der komplexen Systeme ist, steht doch die Geschwindigkeit, die das menschliche Handeln ihr heute aufzwingt, im Gegensatz zu der natürlichen Langsamkeit der biologischen Evolution."[176]

Die Sozialenzyklika spricht damit einen Prozess an, der heute in der Arbeitswelt enormen Druck für die Beschäftigten aufbaut, indem Arbeitszeiten und –orte sowie betriebliche Produktionsprozesse zeitlich und räumlich „entgrenzt" und flexibilisiert werden. Es kommt zu einer Entfremdung durch „soziale Beschleunigung".[177]

Diese globale Diskrepanz zwischen humanen Möglichkeiten und Beschleunigung wird u.a. durch die technologischen Neuerungen verursacht, auf deren Folgen die Sozialenzyklika ausdrücklich hinweist.[178]

Arbeit schützen - ökologisch arbeiten

Deshalb plädiert Papst Franziskus, wie bereits seine Vorgänger, für einen umfassenden Schutz der Arbeit bzw. der arbeitenden Menschen, der aus der bisherigen Soziallehre der Kirche hergeleitet und biblisch begründet wird. Betont werden in guter katholischer Tradition die Natural-, Personal- und Sozialfunktion der Arbeit: Arbeit als Mittel der Selbsterhaltung, Selbstverwirklichung und Selbstbestätigung. Dieses „Sinnkonstrukt" menschlicher Arbeit, das vor allem Papst Johannes Paul II. in „Laborem exercens" als universellen Interpretationsschlüssel der Person ausgeführt hat,[179] erfährt in „Laudato si" eine ökologisch-spirituelle Ergänzung, indem auf die Vorbilder Franz von Assisi und Charles de Foucauld verwiesen wird: „Die christliche Spiritualität hat zusammen mit dem betrachtenden Staunen über die Geschöpfe, wie wir es beim heiligen Franziskus von Assisi finden, auch ein tiefes gesundes Verständnis der Arbeit entwickelt, wie wir es zum Beispiel im Leben des seligen Charles de Foucauld und seiner Jünger antreffen können."[180] So weit, so gut!

Das „gesunde Verständnis der Arbeit" bleibt in „Laudato si" aber weitgehend ein idealistisches, da der bisherige Stand der Soziallehre der Kirche zum Thema „Arbeit" referiert wird, ohne eine kritische Vergewisserung von Traditionsbeständen zu leisten.[181]

Dies hängt damit zusammen, dass im analytischen Eingangsteil der Sozialenzyklika der Themenkomplex „Arbeit" ausgespart wird und das „Sehen" sich auf die Anklage von Fehlentwicklungen beschränkt, aber dies in verstreuten Hinweisen, Zusammenhängen und Kontexten. Ausdrücklich verweist der Papst auf das Schicksal der Landarbeiter, die von ihrem angestammten Land vertrieben werden und in den Elendsgebieten der Städte wandern, um dort zu „Arbeitern im Prekariat"[182] zu werden. Gleichzeitig geißelt er die Zwangsarbeit[183] und jedwede Form von Ausbeutung menschlicher Arbeitskraft, werden die Ursachen der ausbeuterischen kapitalistischen Wirtschaftsweise aufgedeckt, aber dies alles bleibt relativ blutleer, gerade im Vergleich zu anderen Passagen von „Laudato si", und in den angeführten Begründungen für diese Fehlentwicklungen abstrakt.

So sieht der Papst vor allem einen fehlgeleiteten Anthropozentrismus und Relativismus am Werk, Faktoren, die auch als die wahren Ursachen der vorherrschenden ausbeuterischen Wirtschaftsweise ausgemacht werden.[184] „Laudato si" bekommt dadurch eine stark individualistische Verengung. Stattdessen wäre eine Strukturanalyse angebracht, die nicht nur das Versagen einzelner als Ausgangspunkt für die zutreffend skizzierten Fehlentwicklungen in den Mittelpunkt rückt: eine Strukturanalyse, die sich ausführlich mit dem Thema „entfremdete Arbeit" zu befassen hätte.

Was heißt etwa „Kultur des Relativismus" im Hinblick auf systemische und strukturelle Gegebenheiten kapitalistischer Arbeitsgesellschaften, abgesehen davon, dass doch allein sprachlich von einer „Unkultur" die Rede sein müsste?

Beim Thema „Arbeit" schlägt die Sozialenzyklika allzu deutlich in ein moralisches Lehrschreiben um, wenngleich der anklagende, prophetische Impetus durchaus durchgehalten wird. Im Mittelpunkt steht das, was sein soll, und nicht die systematische Analyse und Reflexion dessen, was ist. So verweist Papst Franziskus etwa ausdrücklich darauf hin, dass bei Planungsverfahren nicht nur die Umweltverträglichkeit zu prüfen ist, sondern ebenso eine „Analyse der Arbeitsbedingungen und der möglichen Auswirkungen"[185] geleistet werden muss. Auch gibt der Papst hierzu durchaus Hinweise, aber eine fundierte Analyse des Ist-Zustandes und eine historische Vergewisserung der sozialen und ökologischen (Fehl-)Entwicklung globalisierter Arbeitsgesellschaften unterbleibt, wird allenfalls angedacht.

Unkritisch wiederholt Papst Franziskus die Lehre Johannes Paul' II., nach der Arbeit Mühsal und Last ist, und mahnt zum Ertragen derselben, da hierdurch die Mühseligen und Beladenen sich in Einheit mit dem gekreuzigten Herrn wissen und damit an seiner Erlösung der Menschheit mitwirken.[186] Jeder kritische Hinweis auf die Folgen dieser über Jahrhunderte seitens der Kirche gepredigten „Unterordnungstheologie", die dazu geführt hat, dass Kirche und Arbeiterschaft bis heute in weiten

Teilen voneinander entfremdet sind, fehlt. Obwohl „Laudato si“ an vielen Stellen kritisch auf bestehende Macht- und Herrschaftsverhältnisse rekurriert, bleiben diese hinsichtlich der Macht und Herrschaft „über“ Arbeit konturlos.

Dies gilt auch hinsichtlich der Einbindung menschlicher Arbeit in und deren Verantwortung für die Zerstörung der Natur.

„Laudato si“ nennt an vielen Stellen konkrete Beispiele für Naturzerstörung und unzulässige schädliche Eingriffe in ökologische Kreisläufe oder beschreibt den Rückgang der Vielfalt der Ökosysteme.[187] Aber alle diese Prozesse werden als „arbeitsleer“ analysiert und systematisiert.

Dass die kapitalistische Wirtschaftsweise in ihrem Streben nach Profit und Kapitalmaximierung und –akkumulation systemisch die Faktoren Kapital, Arbeit, Wissen und Energie kombiniert – und dies eben auch im Zusammenhang mit dem Raubbau an der Natur und der Schädigung der Ökosysteme – findet in einer kritischen Reflexion in der Sozialenzyklika auf den Faktor „Arbeit“ hin keinen Niederschlag, wird vielmehr systematisch ausgeblendet. Dass es eben auch menschliche Arbeit ist, die in diesen desaströsen Prozessen eine entscheidende Rolle spielt, dass es eben auch eine Geschichte der „Naturzerstörung durch Arbeit“[188] bis zum heutigen Tag gibt, dass die menschliche Arbeit einen Zerstörungspotential enthält und ihren Teil zur Aufhäufung der „ökologischen Schuld“ beiträgt – diese kritischen Zugänge zur Arbeit sucht die Enzyklika nicht.

Die dringend notwendige „ökologisch-soziale Transformation“ verlangt auch, neue Formen von nachhaltiger Arbeit zu entwickeln, verstärkt die ökologische Konversion von Arbeitsplätzen in Angriff zu nehmen, über Arbeitsumverteilung und Arbeitszeitverkürzung den Ausstoß von Kohlendioxiden und den ökologischen Fußabdruck zu verringern[189] und dabei die Vision von einem anderen Arbeiten, von einer „Humanökologie“ der arbeitenden Menschen ins Spiel zu bringen. Eine „authentisch gelebte ganzheitliche Ökologie“[190] ist nur zu erreichen, wenn verstärkt über eine Entwicklung menschlicher Arbeit in diese Richtungen nachgedacht wird und Wege dazu eröffnet werden.

Hier greift die Enzyklika zu kurz, blendet aus, verfolgt keine konsequente Neuakzentuierung der Soziallehre der Kirche beim Thema „Arbeit". Stattdessen werden „Altbestände" wiederholt, deren Vergewisserung richtig und wichtig ist, aber Wegweisendes in Richtung „De-Growth" sieht anders aus.

Der Dialog über eine überlebensfähige Wirtschaftsform der Zukunft und einen ökologischen Umbau ist zentral mit dem Dialog über nachhaltiges Arbeiten verbunden. „Wenn wir wirklich eine Ökologie aufbauen wollen, die uns gestattet, all das zu sanieren, was wir zerstört haben, dann darf kein Wissenschaftszweig und keine Form der Weisheit beiseitegelassen werden, auch nicht die religiöse mit ihrer eigenen Sprache"[191] – heißt es in der Enzyklika. Weisheit wird benötigt, ja! Andere, nachhaltige Formen der Arbeit aber ebenso!

„Sehenden Auges“ | Collage | 2016

„In der Gemeinschaft der Engel ist aller Besitz gemein", aber so weit ging der Papst nicht...

„Der erste, der ein Stück Land mit einem Zaun umgab und auf den Gedanken kam zu sagen ‚Dies gehört mir' und der Leute fand, die einfältig genug waren, ihm zu glauben, war der eigentliche Begründer der bürgerlichen Gesellschaft. Wie viele Verbrechen, Kriege, Morde, wieviel Elend und Schrecken wäre dem Menschengeschlecht erspart geblieben, wenn jemand die Pfähle ausgerissen und seinen Mitmenschen zugerufen hätte: ‚Hütet euch, dem Betrüger Glauben zu schenken; ihr seid verloren, wenn ihr vergesst, dass zwar die Früchte allen, aber die Erde niemandem gehört'."

Jean-Jacques Rousseau[192]

Eigentum – neu akzentuiert: Zur Aufwertung der Gemeingüter

Der Themenbereich „(Privat)Eigentum" gehört neben dem der Arbeit und Staatslehre ebenso zu den Klassikern päpstlicher Lehrschreiben. Deshalb durfte dieses Thema in „Laudato si" natürlich nicht fehlen. Auch hier steht die Sozialenzyklika von Papst Franziskus auf dem Boden der Tradition, der seit Thomas von Aquin (1225 - 1274) der kirchlichen Rechtstradition bereitet wurde und seit „Rerum novarum" fester Bestandteil päpstlicher Lehrschreiben ist.[193] Aber der Papst wagt sich auf neues Terrain vor.

Bis heute: Thomas von Aquin und die Tradition der Soziallehre der Kirche

In seiner Gerechtigkeitslehre vertrat der Aquinate auf der Grundlage der Prinzipien des Naturrechts die Auffassung, dass alles Eigentum, alle äußeren Dinge dem Menschen von Gott zu ihrer Nutzung – und ganz im Sinne des göttlichen „Obereigentums“ – als Lehen anvertraut seien. Gott gehört alles, er vertraut es den Menschen zur Nutzung und zur Verwaltung (auf Zeit) an. Das individuelle Privateigentum, die personelle Einzelverfügung über Sachen und Dinge konzipierte der Kirchenlehrer als eine pragmatische Rechtsableitung aus dieser göttlichen Rechtsordnung. Das oberste Prinzip des Naturrechts sah Thomas von Aquin darin, dass allen Menschen der Lebensunterhalt zu sichern sei. Diese Setzung geht dem Privateigentum voraus und jede Ordnung des Eigentums hat diesem Ziel zu dienen.

In Abwägung zur Gütergemeinschaft sah Thomas von Aquin die „beste aller möglichen Welten“ aus pragmatischen Gründen und unter Effizienzgesichtspunkten in der Privateigentumsordnung gegründet.

Da diese Ordnung etwa den sozialen Frieden besser sichere und Streitigkeiten vermeide, erteilte er die „Erlaubnis“ zur Privateigentumsordnung, deren oberste Funktion allerdings die Nutzung der Gemeingüter dieser Erde durch alle und die Sicherung des Lebensunterhalts aller zu sein habe. Privates Eigentum sollte dienende Funktion haben. Den Gemeinbesitz hielt der Kirchenlehrer allerdings für die ideale Form, zumindest im Reich der Engel: „In der Gemeinschaft der Engel ist aller Besitz gemein.“[194] Für die Gemeinschaft der Menschen stützte er sich lieber auf die Empirie, sprich auf die mittelalterliche Standesethik, die den Überfluss der reichen Stände als den Armen geschuldet festschrieb.

Kein absolutes Recht auf Privateigentum also, sondern Eigentum und Besitz sind mit sozialen Pflichten belegt und nur bei Erfüllung derselben legitim.

Damit war aber keineswegs das „letzte Wort" in der kirchlichen Auseinandersetzung um Eigentum und Besitz gesprochen. Mischte sich Thomas selbst schon in den zur damaligen Zeit tobenden „Armutsstreit" des Franziskanerordens ein, so bleiben die Fragen auch in der nachfolgenden Geschichte virulent: Muss die Kirche nicht eine arme Kirche sein? Ist das Ideal der materiellen Armut nicht der Weg der gesamten Kirche? Was darf die Kirche, was dürfen Christen besitzen und zu welchem Zwecke? Dieser erbittert geführte Streit drehte sich auch um die Auslegung und Interpretation der Lebensweise Jesu und seiner Jünger: Waren diese nicht arm gewesen und damit das Vorbild für die Kirche und die Lebensweise der Christen? Hatten sie nicht allem persönlichen Besitz in der Nachfolge entsagt und allenfalls Güter gemeinschaftlich besessen? Und welche Schlussfolgerungen waren daraus für die Verfasstheit der Kirche zu ziehen? Muss sie arm sein, um Kirche in der Nachfolge Christi sein zu können? Auch mit den unzähligen päpstlichen Bullen – in die eine oder andere Richtung, für oder gegen die Pauperisten bzw. „Spiritualen" – war dem Thema mit einer endgültigen Entscheidung nicht beizukommen. Es blieb in der gesamten Kirchengeschichte bis auf den heutigen Tag virulent. Papst Franziskus hat es erneut auf die Tagesordnung gesetzt, wenn er etwa eine arme Kirche als Ideal ansieht und die Bescheidenheit als Lebensstils predigt und vorlebt. Wie es die Kirche bzw. die päpstliche Soziallehre mit dem Eigentum hält, ist jedenfalls eine spannende Frage, auch für „Laudato si" hinsichtlich der sozialen und ökologischen Folgen einer privatwirtschaftlichen kapitalistischen Eigentumsordnung.

„Laudato si": Auf dem Fundament der Tradition der Eigentumslehre

Papst Franziskus wählt – wie nichts anders zu erwarten – in „Laudato si" das Fundament der Tradition der kirchlichen Lehre hinsichtlich der Eigentumsordnung als Ausgangspunkt, wenn er im Rückgriff auf Genesis 2,15 festhält: „Während ‚bebauen' kultivieren, pflügen oder bewirtschaften bedeutet, ist mit ‚hüten' schützen, beaufsichtigen, bewahren, erhalten, bewachen gemeint. Das schließt eine Beziehung verantwortlicher Wechselseitigkeit zwischen dem Menschen und der Natur ein. Jede Gemeinschaft darf von der Erde das nehmen, was sie zu ihrem Überleben braucht, hat aber auch die Pflicht, sie zu schützen und das

Fortbestehen ihrer Fruchtbarkeit für die kommenden Generationen zu gewährleisten. Denn ‚dem Herrn gehört die Erde' (Ps 24,1), ihm gehört letztlich ‚die Erde und alles, was auf ihr lebt' (Dtn 10,14). Darum lehnt Gott jeden Anspruch auf absolutes Eigentum ab: ‚Das Land darf nicht endgültig verkauft werden; denn das Land gehört mir, und ihr seid nur Fremde und Halbbürger bei mir' (Lev 25,23)."[195] Der Schöpfergott ist „einziger Eigentümer der Welt."[196]

Die menschlichen Gemeinschaften dürfen sich von den Erdengütern aneignen, was sie zum Überleben benötigen, haben aber gleichzeitig die Verpflichtung, diese für die nachkommenden Generationen zu erhalten und zu schützen. Soweit nichts Neues!

Ganz in guter katholischer Tradition betont der Papst zudem an anderer Stelle unter Berufung auf verschiedene kirchliche Dokumente: „In aller Deutlichkeit erklärte er (Papst Johannes Paul II., M.S.): ‚Die Kirche verteidigt zwar den berechtigten Anspruch auf Privateigentum, lehrt jedoch ebenso unmissverständlich, dass jedes Privateigentum immer mit einer ‚sozialen Hypothek' belastet ist, damit alle Güter der allgemeinen Bestimmung dienen, die Gott ihnen zugeteilt hat.' Und er bekräftigte: Es ist also ‚nicht der Absicht Gottes entsprechend, diese Gabe in einer Weise zu verwalten, dass ihre Wohltaten nur einigen zugutekommen'. Das stellt die ungerechten Gewohnheiten eines Teils der Menschheit ernsthaft in Frage."[197] „Ernsthaft in Frage" deshalb, weil etwa einem Campesino das natürliche Recht vorenthalten wird, ein angemessenes Stück Land zu besitzen, „wo er seine Wohnstätte errichten, für den Lebensunterhalt seiner Familie arbeiten und existentielle Sicherheit haben kann."[198] Das Recht auf Land muss garantiert werden, Privateigentum muss allen zugänglich sein und darf niemandem vorenthalten werden.

Damit stellt sich „Laudato si", wie die gesamte kirchliche Tradition der Soziallehre, dem „Ausschluss" der Armen bzw. Nichtbesitzenden durch Privateigentumsrechte entgegen. Legitim ist dieses Recht nur insofern, als dass es als „offenes Recht" von allen erlangt und ausgeübt werden kann. Privateigentum darf kein Recht für wenige sein, sondern muss als „Recht für alle" gelten.

Dem Eigentum „wesensimmanent“ ist dessen soziale Verpflichtung, die unmittelbar mit dem Eigentum als solchem gegeben ist. Es ist ein Recht mit sozialen Verpflichtungen, dienendes Recht zur Lebensunterhaltssicherung aller. Auch insoweit bewegt sich Papst Franziskus ganz im Feld der Traditionsbestände seiner Vorgänger.

Interessanter in „Laudato si“ sind die Fragen, die ebenfalls zu heftigsten Auseinandersetzungen in der Kirchengeschichte geführt haben: Welche Güter dürfen überhaupt in Privatbesitz und die Verfügungsgewalt des Einzelnen überführt werden? Wo liegen die Grenzen hin zu den „Gemeingütern“, die dem Privatbesitz einzelner zu entziehen und gemeinschaftlich zu verwalten sind? Und wie kann das oberste Ziel, dass die Güter der Erde allen zu dienen haben, umgesetzt werden? Speziell: Wie steht es um die „kollektiven Güter“ wie Luft, Wasser, Erde, alles, was als Umwelt und existenzielle Lebensgrundlage des Menschen einzuordnen ist?

Die Umwelt als kollektives Gut

„Laudato si“ stellt grundlegend dazu fest: „Die Umwelt ist ein kollektives Gut, ein Erbe der gesamten Menschheit und eine Verantwortung für alle. Wenn sich jemand etwas aneignet, dann nur, um es zum Wohl aller zu verwalten. Wenn wir das nicht tun, belasten wir unser Gewissen damit, die Existenz der anderen zu leugnen. Deshalb haben die Bischöfe von Neuseeland sich gefragt, was das Gebot ‚du sollst nicht töten‘ bedeutet, wenn ‚zwanzig Prozent der Weltbevölkerung Ressourcen in solchem Maß verbrauchen, dass sie den armen Nationen und den kommenden Generationen das rauben, was diese zum Überleben brauchen‘.“[199] Überdeutlich sind hier die Parallelen zu der Aussage in „Evangelii gaudium“: „Diese Wirtschaft tötet“, die ebenfalls als Auslegung und Konkretisierung des Gebotes „Du sollst nicht töten“ eingeleitet wird.[200]

Gleichwohl wiederholt der Papst diese Aussage nicht, sondern nimmt Bezug auf ein Statement der Bischöfe Neuseelands, ohne allerdings nachfolgend im Text eine Schlussfolgerung oder Zuspitzung vorzunehmen. Nachfolgend geht es unter der Überschrift „Der Blick Jesu“ in erster Linie um eine biblische Vergewisserung. Die Aussage ist aber dennoch eindeutig: Da, wo sich jemand etwas aneignet, um es nicht zum Wohle aller zu verwenden und zu verwalten, wird nicht nur das Gewissen desjenigen belastet, sondern er begeht Raub an den Armen und kommenden Generationen.

Privateigentum nicht im Sinne des Gemeinwohls zu nutzen, ist Raub! Denn: Das so falsch angewendete Eigentumsrecht „raubt" das Überleben der anderen und schädigt es damit unwiederbringlich.

Dass der Papst selbst diese radikalen Schlussforderungen nicht in den Text aufnimmt oder gar auf die angeführte Passage in „Evangeliium gaudium" rückverweist, sondern dieser Textteil geradezu abrupt endet, kann m. E. nur aus „taktischen Gründen" erklärt werden, nämlich nicht erneut dem Vorschub zu leisten, die Kritik und Rezeption der Sozialenzyklika auf einen Satz hin zu konzentrieren und damit die „Dialogabsicht" des Lehrschreibens nicht unnötig durch Polarisierungen und Zuspitzungen zu belasten (oder zu unterlaufen).

Welche Gründe auch immer eine Rolle gespielt haben dürften, deutlich spricht sich der Papst für die Umweltgüter als kollektive Güter aus,
die damit anderen Gesetzen unterliegen sollen als privatkapitalistischen Verwertungs- und Renditeinteressen, die andere systematisch von deren Gebrauch und Nutzung ausschließen. Die ökologischen Ressourcen sind gemeinschaftliche Güter „von allen und für alle."[201] Ausdrücklich bezeichnet der Papst das Klima, das Trinkwasser, aber auch Teile von Grund und Boden und die Ozeane und Wälder als Gemeingüter, die durch schonenden Umgang, Zusammenarbeit und gemeinschaftliche Organisation vor der Plünderung bewahrt werden sollen.[202]

Damit greift der Papst die Tradition der „Gemeinwidmung" aller irdischen Güter auf und präzisiert, konzentriert und aktualisiert sie hin auf die „Umweltgüter", die durch den Klimawandel, den Raubbau und die übermäßige Vernutzung durch den Menschen und andere Faktoren akut bedroht sind. Erstmals in der Geschichte der päpstlichen systematischen Soziallehre wird „das Prinzip der universalen Widmung der Erdengüter auch auf die globalen Kohlendioxid-Senken Atmosphäre, Ozeane und Wälder angewandt."[203]

Gleichzeitig leistet er hierdurch eine deutliche Kritik an der privatwirtschaftlichen Eigentumsordnung, die diese „Gemeingüter" bisher nicht ausreichend schützen konnte, ja Raubbau und Plünderung erst ermöglicht hat. Damit trägt die Sozialenzyklika einer Entwicklung Rechnung, die Matthias Möhring-Hesse zutreffend so beschrieben hat: „Die klassische Überzeugung, dass diese ‚Gemeinwidmung' am besten über eine privatwirtschaftliche Ordnung sichergestellt werden kann, hat sich bei den ökologischen Ressourcen nicht bewahrheitet. Die marktwirtschaftliche Ordnung und entsprechend die privatwirtschaftliche Organisation von Eigentumstiteln haben weder die ‚Gemeinwidmung' der ökologischen Ressourcen gewährleistet, noch haben sie für einen pfleglichen Umgang mit diesen Ressourcen sorgen und das Ökosystem schützen können (...). Im Gegenteil: Durch eine Ausweitung der marktwirtschaftlichen Ordnung, aber auch durch den Einsatz immer neuer Techniken mit steigender Eingriffstiefe werden die gemeinschaftlichen Güter (...) zerrieben (...)."[204] Die marktwirtschaftliche Steuerung und die private Eigentumsordnung führen zu einer „Externalisierung der Belastungen und Kosten",[205] während die Gewinne, die durch Umweltverbrauch und -zerstörung erst möglich sind, „privatisiert" werden.

Deshalb müssen die „Gemeingüter" vor den Zugriffen des Marktes und dem privatwirtschaftlichen individualistischen „Eigentumszugriff" geschützt werden.

Vorrang der Widmung der Erdengüter an alle – Aber kein „Reich der Engel"!

„Laudato si" fordert eine Einschränkung des Privateigentums, rechtfertig zumindest einschneidende Eingriffe in privatwirtschaftliche Eigentumsrechte und -titel, wo die Früchte der Erde nicht allen zugute kommen und die göttliche Widmung der Erdengüter an alle Menschen mit Füßen getreten wird. Papst Franziskus beschreitet damit weiter den Weg der Soziallehre der Kirche in ihrer jüngeren Geschichte: den eines „konditionalen Eigentumsrechts", das nur unter bestimmten Bedingungen allgemeingültig, berechtigt und legitimiert ist. Der Vorrang der Widmung der Erdengüter an alle vor jedweder privaten Aneignung ist eindeutig. Keine Sozialenzyklika hat im Hinblick auf die „Umweltgüter" diese Spannung deutlicher hervorgehoben und politisiert als „Laudato si".

aber so weit ging der Papst nicht...

Über die konkreten Wege, wie ein effektiver Schutz der Gemeingüter heute aussehen könnte, welche Formen gemeinschaftlicher Verwaltung notwendig, welche Anpassungen etwa im Völkerrecht vorzunehmen sind, schweigt sich die Enzyklika aber aus.

Die private Eigentumsordnung wird etwa nicht in Spannung zu den Eingriffen und Reformen gesetzt, die notwendig wären, um die Verordnung der benannten „Umweltgüter" zum Wohle aller „eigentumsrechtlich" konkret werden zu lassen. Klar ist, dass der Papst marktwirtschaftlichen Instrumenten gegenüber, wie etwa einer Preisbildung auf Emissionen durch Handelssysteme in welcher Form auch immer, mehr als skeptisch ist, ja diese ausdrücklich abgelehnt werden: „Die Strategie eines An- und Verkaufs von ‚Emissionszertifikaten' kann Anlass zu einer neuen Form von Spekulation geben und wäre einer Reduzierung der globalen Ausstoßung von umweltschädlichen Gasen nicht dienlich. Dieses System scheint eine schnelle und einfache Lösung zu sein, die den Anschein eines gewissen Umweltengagements besitzt, jedoch in keiner Weise eine radikale Veränderung mit sich bringt, die den Umständen gewachsen ist. Vielmehr kann es sich in einen Behelf verwandeln, der vom Eigentlichen ablenkt und erlaubt, den übermäßigen Konsum einiger Länder und Bereiche zu unterstützen."[206] Papst Franziskus sieht im Zertifikatshandel keine Mittel für radikale Veränderungen, sondern den Anlass zu Spekulation und die Möglichkeit für die Reichen, sich von ihrer „ökologischen Schuld" durch geldlichen Ausgleich freizukaufen. Man mag diese Position bemängeln,[207] aber sie liegt ganz auf der „marktskeptischen" Linie der gesamten Enzyklika. Dennoch verwundert, dass der Emissionshandel doch relativ deutlich abgelehnt wird, auch wenn die Aussagen des Papstes sich eher sprachlich in das abwägende „Kleid der Mahnung" betten.

Wer kritisiert, muss zeigen, in welche andere Richtung der Zug fahren sollte. Aber was dem Papst unter „radikalen Veränderungen" näher hin vorschwebt, bleibt allenfalls hinter Andeutungen in anderen Kontexten und Themenzusammenhängen verborgen. Konkrete Vorschläge für radikale Veränderungen macht Franziskus nicht. An dieser Stelle ist dies umso erstaunlicher, weil die Enzyklika ja durchaus an zahlreichen Stellen konkrete Vorschläge macht, so auch in der nachfolgenden Ziffer ganz konkret Beihilfen zum Auf- und Ausbau der Sonnenenergie in den Entwicklungsländern und einen Technologietransfer einfordert.

Jedenfalls fehlen gerade an dieser entscheidenden Stelle der Sozialenzyklika konkrete Hinweise auf positive und notwendige Maßnahmen, warum auch immer...

Spekulieren wir etwas: Könnte es sein, dass Papst Franziskus an dieser Stelle Angst vor seiner eigenen Courage bekommen hat? Hätte nicht der „soziale Vorbehalt" gegenüber dem Privateigentum und individualistischen Besitzformen in eine radikale Kritik der von der Soziallehre der Kirche seit Thomas von Aquin gepflegten „besten aller möglichen Welten" umschlagen und enden müssen, nämlich der privatkapitalistischen Eigentums(un)ordnung die kirchliche Legitimation grundsätzlich zu entziehen? Der Bereich der kollektiven Güter wird mit der eindeutigen und in der Soziallehre neuen Ausweitung auf die Umweltgüter in „Laudato si" auf ein weites und umfassendes Terrain ausgedehnt. Weiter wollte Papst Franziskus offensichtlich nicht gehen.

Könnte es sein, dass die weitreichenden, näherhin zu beschreibenden und zu konkretisierenden Folgen der Widmung der Erdengüter an alle und der Vorrang gemeinschaftlicher vor privater Einverleibung der Umweltgüter sich dann doch zu weit ins „Reich der Engel" vorgewagt hätten?

---

aber so weit ging der Papst nicht...

„Engelbesuch Visite de l'ange" | Holzdruck | 2013

Kapitel 7

Reaktionen – und ist der Papst Marxist?

„Besonders berühren mich natürlich die Stellen, in denen von Amazonien und der Bedeutung der tropischen Regenwälder die Rede ist, dort wo der Papst auf die Rechte der indigenen Völker zu sprechen kommt. Für sie hat ihr Land keinen wirtschaftlichen Wert, sondern es ist ein Geschenk Gottes, es ist heiliges Land, in dem ihre Vorfahren ruhen, das ihre Identität ausmacht und ihre Werteskala bestimmt. Bei der ersten Lektüre habe ich sofort gespürt, dass der Papst nicht von einer anonymen Umwelt spricht, etwas außerhalb von uns, sondern genau das feststellt, was ich im Zusammenhang mit den indigenen Völkern Amazoniens seit Jahren vertrete: Die Umwelt ist unsere ‚Mit-Welt'. Ohne sie leben wir nicht."

Erwin Kräutler[208]

USA: Ökoenzyklika des Kommunisten im Vatikan?

Schon im Vorfeld der Veröffentlichung der Enzyklika „Laudato si" kam es zu heftigen Irritationen und Reaktionen in der Öffentlichkeit. Am 15. Juni 2015 erschien in der italienischen Zeitung „L'Espresso" eine „geleakte" Vorabversion, die der Journalist Sandro Magister, der bereits mehrmals durch eine heftige antipäpstliche Polemik in die Schlagzeilen geraten war, zum Vorabdruck lanciert hatte. Offensichtlich handelte es sich dabei nach der Einschätzung des Leiters der deutschsprachigen Redaktion von Radio Vatikan und hervorragenden Romkenners, Bernd Hagenkord, um einen gezielten Versuch, die Wirkung der angekündigten Sozialenzyklika schon vorab zu schmälern und zu sabotieren.[209]

Die Kritik des Papstes am Markt und sein Etatismus stießen auf wenig Wohlwollen bis hin zur völligen Ablehnung, insbesondere in den republikanischen und konservativen katholischen Eliten in den USA, die den Klimawandel und dessen Auswirkungen bis auf den heutigen Tag grundlegend bestreiten.

In den USA ist der Klimawandel ein „heißes" Thema. Der erzkonservative, katholische Republikaner Rick Santorum etwa forderte den Papst auf, „die Wissenschaft den Wissenschaftlern zu überlassen". Lehrautorität zum Klimawandel besitze er schlichtweg nicht.[210] John Ellis „Jeb" Bush, bis zur Aufgabe im Februar 2016 republikanischer Präsidentschaftsbewerber, Sohn des ehemaligen US-Präsidenten George H. W. Bush sowie Bruder des ehemaligen Präsidenten George W. Bush, also ein besonderes „politisches Schwergewicht", sprach dem Papst jede Zuständigkeit in Wirtschaftsfragen ab und erklärte nach dem Erscheinen der Enzyklika, dass er sich als Christ vom Papst seine Wirtschaftspolitik nicht vorschreiben lasse.[211] Jeb Bush erkennt zwar den Klimawandel und die Notwendigkeit weltweiter Reduktionen der Kohlendioxid-Emissionen an, aber Vorrang hat für ihn eindeutig der Schutz der US-Wirtschaft vor Eingriffen durch gesetzgeberische Maßnahmen, insbesondere durch Auflagen zum Klimaschutz.

Da stießen die vom Papst geforderten regulierenden Maßnahmen für den Markt und die Unternehmen natürlich auf Ablehnung, ebenso bei multinationalen Konzernen wie ExxonMobil, die ebenfalls schon im Vorfeld des Erscheinens der Enzyklika durch ihre Lobbyarbeit im Vatikan versuchten, das päpstliche Rundschreiben, wenn auch nicht zu verhindern, dann doch zumindest zu entschärfen.[212]

Aber auch innerhalb des konservativen Teils der katholischen Kirche der USA blieb die Kritik nicht aus.

Pater Robert Sirico, Vorsitzender des in Grand Rapids (Michigan) ansässigen „Acton Institute for the Study of Religion and Liberty", eines Instituts, das vehement die freie Marktwirtschaft auf der Grundlage der katholischen Soziallehre verteidigt, die Kohlendioxid-Emissionen als unwesentlich einschätzt und ein Lobbybüro in Rom unterhält, bezeichnete die Aussagen des Papstes als „unvorsichtig". Er beklagt, dass „die Enzyklika unvorsichtigerweise der Öko-Agenda von Laien zu viel Raum (lässt), indem beispielsweise fossile Brennstoffe verleumdet werden."[213] Das Institut von Pater Sirico erhält seit Jahren – wie andere Klimawandelleugner in den USA auch – vom Öl- und Gasmulti ExxonMobil Spenden in namhafter Höhe,[214]dem die Autoren des „Schwarzbuch Markenfirmen", Klaus Werner-Lobo und Hans Weiss vorwerfen, Bürgerkriege, verbunden mit Waffenhandel, zu finanzieren und die Zerstörung von Lebensgrundlagen durch Ölförderung zu betreiben.[215] ExxonMobil[216] ist zudem einer der größten Anwender des Frackings in den USA und Europa. Diese Liste der Vorwürfe und nachgewiesenen Verstöße gegen Auflagen durch den Energiegiganten ließe sich verlängern.

Jedenfalls ist erkennbar, aus welcher Richtung die heftigste Kritik an der Enzyklika „Laudato si" in den USA kam bzw. bis heute kommt: Von bzw. finanziert von transnationalen Unternehmen, die mit der Ausbeutung fossiler Energieträger viel Geld verdienen.

Dies kann nicht verwundern, denn genau diese hat der Papst bei seiner Kritik vor Augen, wenn er die Praktiken der multinationalen Unternehmen in der Enzyklika an den Pranger stellt.[217] Diese sehen ihre wirtschaftlichen Profitinteressen durch den Mann in Rom gefährdet, der ihnen eine Strategie der verbrannten Erde vorwirft.

Eine weitere kritische Stoßrichtung zur Enzyklika innerhalb der konservativen amerikanischen Eliten warf grundsätzliche Fragen nach Wirtschaftsethik und Moral auf und proklamierte eine „systemische Begrenzung", nach der jeder Bereich, insbesondere die Wirtschaft, seine Eigengesetzlichkeiten habe und alle Ansprüche von außen dysfunktional seien. So habe etwa die Moral in der Wirtschaft nichts zu suchen und sei allenfalls ein Feld der individuellen persönlichen Lebensführung. Dieser Vorwurf wendet sich vor allem gegen die päpstliche Vorstellung, dass moralisches Handeln und moralische Strukturen gleichermaßen die Wirtschaft zu prägen hätten. Zudem teilen sie nicht das Menschenbild des Papstes, nach dem das moralische Gesetz qua Natur dem Menschen eingeschrieben ist und diese Erkenntnis zentraler Baustein einer Humanökologie sein muss.[218] Wenn schon Moral oder moralische Prinzipien, dann streng individualistisch begrenzt, etwa auf das Handeln in der Familie, im Freundeskreis oder als Philanthrop, aber nicht als Paradigma wirtschaftlichen Handelns oder gar der Wirtschaft insgesamt

– so die Position der Systemtheoretiker der trennungsscharfen Abgrenzung von Moral und Wirtschaft.

Kardinal Peter Turkson, Präsident des Päpstlichen Rates für Gerechtigkeit und Frieden, bedauerte im amerikanischen Fernsehsender CNN, dass diese Eliten eine grundsätzliche Verbindung von Moral und Wirtschaft leugneten, welche immer ein fester Bestandteil der Soziallehre der Kirche gewesen sei.[219]

Christiana Peppard von der Fordham University der Jesuiten in New York, die sich als Professorin für Theologie, Wissenschaft und Ethik seit Jahren mit umweltpolitischen Fragestellungen, insbesondere mit der Ressourcenknappheit und Verteilung von Wasser beschäftigt, hat zutreffend auf die politischen Implikationen von „Laudato si" für die amerikanische Gesellschaft und Wirtschaft aufmerksam gemacht.[220] Die Enzyklika enthält eben auch eine „politische Anklage" an die wirtschaftlich Mächtigen in den USA, und als solche werde sie auch verstanden. Das musste zu grundsätzlichen Auseinandersetzungen führen, denn nicht nur Fragen der Reichweite und Bedeutung von Moral werden aufgeworfen, sondern die Enzyklika mischt sich (zumindest indirekt) in die amerikanische Auseinandersetzung zwischen Republikanern und Demokraten ein, beabsichtigt oder unbeabsichtigt mag dahingestellt sein.

Aussagen der Päpste und Sozialenzykliken haben immer schon dazu geführt, dass diese aus dem eigenen politisch-nationalen Kontexten heraus verstanden, interpretiert und damit politisch „aufgeladen" wurden. So auch „Laudato si" in den USA.

In diesem Sinne also nichts Neues. Ob nun vordergründig oder nicht, ob aus wahltaktischen Gründen oder authentischer Überzeugung, ob unwirksam oder erfolgreich, jedenfalls hatte sich Präsident Obama die Klimapolitik auf seine Fahnen geschrieben und erkannte die USA nach China als den größten Produzenten von klimaschädlichen Treibhausgasen an – im Gegensatz zu Teilen der führenden Kreise der Republikaner, vor allem zu denjenigen, die sich um den „Bush-Clan" scharren. Mit seinem im Vorfeld des UN-Klimagipfels in Paris verkündeten „Clean Power Plan" wollte Obama die CO2-Emissionen in den USA bis 2030 um 32

Prozent im Vergleich zum Jahr 2005 absenken. Er wollte verbindliche Emissionsziele für Kohlekraftwerke vorgeben und seinen Plan mit Hilfe von Exekutivvollmachten umsetzen. Er setzte sich vehement für die Umsetzung international vereinbarter Klimaziele ein. Die Republikaner im US-Kongress laufen gegen diesen Plan bis heute Sturm. Unter dem Präsidenten Donald Trump weht nun eine neuer Wind. Er hat angekündigt, das Pariser Klimaabkommen aufzukündigen, zudem alle weiteren internationalen Abkommen, die die USA beschlossen haben. Viele dieser Abkommen enthalten zumindest zaghafte Absichtserklärungen zum Klimaschutz. Bereits im Februar 2016 stoppte der „Supreme Court" einen wichtigen Baustein des Plans, nämlich die Reduzierung der klimaschädlichen Emissionen durch Großkraftwerke. Der oberste Gerichtshof der USA entschied, dass dieser Teil solange ausgesetzt werden müsse, bis alle anhängigen Klagen der US-Bundesstaaten und der Energiekonzerne entschieden seien. Mit diesem Rückenwind hat Trump nun endgültig den „Clean Power Plan" Obamas auf die Abschussliste gesetzt. Den Klimawandel hält er für eine Erfindung von Panikmachern. Traurig!

Die päpstliche Enzyklika gab Obama jedenfalls Rückenwind. Keine Klimarede, in der er nicht explizit oder implizit anklingen ließ, dass er den Bischof von Rom auf seiner Seite wähnt. Und mit seiner Reise in die USA im September 2015 hatte Papst Franziskus für Obamas Anliegen „gepunktet". In seiner Rede vor Senat und Repräsentantenhaus sprach Franziskus natürlich auch den Klimaschutz an. Jetzt sei es an der Zeit, für „mutige Handlungen und Strategien" in der Klimapolitik. Die USA hätten eine Vorreiterrolle darin, jetzt etwas zu ändern, die Welt zum Besseren zu wenden und Umweltschäden zu vermeiden. Der Papst traf den Nerv der amerikanischen Seele, indem er gerade in Fragen des Klimaschutzes die weltweite Vormachtstellung und Vorbildfunktion Amerikas betonte. Mag das Thema den anwesenden Republikanern auch nicht gefallen haben, die Beschreibung der Rolle der USA fand jedenfalls ihre milde Zustimmung.

„Laudato si" fand in den USA aber auch eine breite Zustimmung.

Am 21. Juli 2015 versammelten sich im Vatikan erstmals Bürgermeister aus allen Teilen der Welt, um die globalen Umweltthemen zu diskutieren. Unter ihnen der Gouverneur von Kalifornien, Jerry Brown, Demokrat und „Dürreexperte". In Kalifornien herrscht seit Jahren eine gnadenlose Trockenheit wie seit 1200 Jahren nicht mehr, auch wenn

Anfang 2016 Niederschläge einsetzten, die allerdings die Wasservorräte längst nicht in dem notwendigen Maß wiederauffüllen konnten. Der Begriff „California Drought" hat als feststehender Ausdruck für die Dürre in Kalifornien mittlerweile Eingang in die amerikanische Sprache gefunden. Die Landwirtschaft ist fast völlig zum Erliegen gekommen, Wasserknappheit hat zu einem Krieg um Wasser geführt.[221] Ein Wettlauf um die tiefsten Brunnenbohrungen hat begonnen, um die letzten Reserven des kostbaren Gutes Wasser anzapfen zu können. So gräbt einer dem anderen sprichwörtlich das Wasser ab. Die „Wasserbedürfnisse" der Landwirtschaft stehen in Konkurrenz zur Wasserversorgung der Städte. Im März 2014 betrug der geschätzte Wassermangel 240 Milliarden Tonnen; die wirtschaftlichen Kosten der Dürre wurden auf 2,2 Milliarden US-Dollar geschätzt.[222] Heftig wurden und werden die Ursachen der Dürre, insbesondere die Bedeutung und der Anteil des Klimawandels an der Trockenperiode, diskutiert. Jerry Brown weiß also, wovon er redet. Für ihn hat der Klimawandel eine handfeste Bedeutung.

Bei dem Zusammentreffen der Bürgermeister aus aller Welt betonte Kaliforniens Gouverneur die Einzigartigkeit der Umweltenzyklika des Papstes: „Es ist das erste Mal, dass die Verbindung und wechselseitige Abhängigkeit zwischen Menschen, anderen Arten von Lebewesen und der Natur in dieser Weise herausgestellt wird." Kein anderes Dokument der Kirchengeschichte habe in dieser Klarheit und Zuspitzung die Zusammenhänge so klar aufgezeigt. Die Enzyklika – so Brown weiter – sei ein „Durchbruch". Ausgehend von „Laudato si" erneuerte Brown in Rom sein politisches Programm, in den nächsten 15 Jahren eine Halbierung des Benzinverbrauchs zu erreichen, ein Vorhaben, das ihm heftige Anfeindungen seitens der Ölmagnaten in den USA einbringt.

Wer von Reduzierung redet, gilt den Ölmulties als Feind der freien Marktwirtschaft und des Wachstums, welches den Konservativen als unantastbar gilt. Nur eine Wirtschaft, die wächst, ist eine gute Wirtschaft.

Brown treibt dagegen den Kurs Kaliforniens hin zu regenerativen Energie und deutlichen Energieeinsparungen voran. „Laudato si" versteht er als Bestätigung seines Kurses, als Ermutigung und Unterstützung. Papst Franziskus nahm er ausdrücklich gegen einige „Markt-Fundamentalisten" in Schutz, denn diese sähen im Papst und „in jedem, der im aktuellen US-amerikanischen System Fehler ortet", einen „Angreifer auf das, was als amerikanische Modernität empfunden“[223] werde.

Damit traf Brown einen entscheidenden Punkt in der heftigen politischen Auseinandersetzung um die päpstliche Enzyklika in den USA. Der Papst will eine andere „Modernität“, eine, die dem Gemeinwohl dient und nicht wirtschaftlichen Profitinteressen einzelner, eine, die sich auf die Fahnen schreibt: Rettet den Menschen! Dass er dabei auch das amerikanische Tabu einer „Postwachstumsgesellschaft“, Konsumverzicht und die Frage nach Moral in der Wirtschaft ins Spiel brachte, erklärt, warum die Reaktionen auch im konservativen Lager der katholischen Kirche so polarisiert und heftig ausfielen – bis hin zum Vorwurf einiger Ultrakonservativer, dieser Papst sei schlicht ein Kommunist.[224]

Deutschland: Kritikwiederholung und Lobgesänge

In Deutschland wiederholte die neoliberale, papstablehnende bis -kritische Presse in weiten Teilen schlicht die Argumentationen, die schon gegen „Evangelii gaudium“ vorgebracht worden waren. Die Umweltenzyklika sei undifferenziert und die durch die (soziale) Marktwirtschaft und die Globalisierung erzielten Fortschritte würden von der Enzyklika einfach ausgeblendet.

So stellte Malte Lehming in „Der Tagesspiegel“ Papst Franziskus in die Reihe der Apokalyptiker, deren Hang zur „apokalyptischen Rhetorik“ sich nach den Terroranschlägen des 11. September 2001 etwa auch bei der deutschen Bundeskanzlerin Angela Merkel auf dem Vormarsch befinde, und kommentierte: „Für Grautöne oder die Akzeptanz einer sozialen Marktwirtschaft ist in derart endzeitlicher Dramaturgie kein Platz. Dass in den vergangenen Jahrzehnten – auch durch das große Wirtschaftswachstum in Asien und Indien – die globale Armutsrate halbiert werden konnte und die UN-Millenniumsziele fünf Jahre früher erreicht wurden, kommt in dieser Anti-Wachstumsideologie nicht vor. Virtuos spielt Papst Franziskus auf der Klaviatur der apokalyptischen Horrorszenarien. Leider reiht er sich damit in jenes Getöse ein, das im Verdacht steht, die Lautstärke der Botschaft über die Botschaft selbst zu stellen.“[225]

Ja, es gibt die gute Nachricht, dass der Prozentsatz der hungernden Menschen von 37 Prozent im Jahr 1960 auf 14,6 Prozent in 2011 zurückgegangen ist. Aber in absoluten Zahlen sieht die Wahrheit eben anders aus, denn heute hungern mehr Menschen als 1990, dem Basisjahr der sogenannten „Millenniumsziele", die die UN-Vollversammlung im September 2000 verabschiedete. Hungerten 1990 noch 815 Millionen Menschen, stieg diese Zahl zum Jahr 2011 auf eine Milliarde an.[226] Aber Differenzierung und Validierung der eigenen Meinung ist – wie schon bei der Auseinandersetzung um das Apostolische Schreiben „Evangelii gaudium" – in Teilen der Öffentlichkeit nicht gefragt, denn um Getöse geht es ja, um die Lautstärke der Botschaft, nicht um deren Inhalt oder gar Berechtigung. Dem Papst wird so schlicht Unglaubwürdigkeit attestiert, das Herbeireden eine „Apokalypse now" unter Absehung empirischer Grundlagen. Von „Alarmismus" ist die Rede, welcher natürlich überzogen und unbegründet ist, denn die Errungenschaften der Marktwirtschaft sprechen eine andere Sprache: Wir leben in der besten aller möglichen Welten. Ruhig bleiben, wir haben alles im Griff. „Franziskus, der Papst der Endzeit" – betitelte Malte Lehming seinen Kommentar. Bezeichnend!

Auch das „Argument", dass wir in Deutschland nicht mit den Aussagen in „Laudato si" gemeint sein können, findet sich erneut.

So gilt etwa, dass der Papst die deutschen Unternehmen nicht im Blick haben könne und kritisiere, denn „fast alle großen Unternehmen in Deutschland stellen sich bereits heute diesen kritischen Diskursen und fühlen sich nicht nur dem (nachhaltigen) Erfolg verpflichtet, sondern achten auf Reputationsrisiken und übernehmen darüber hinaus Mitverantwortung für die Gesellschaft"[227] – so die Einschätzung des Instituts der Deutschen Wirtschaft Köln, veröffentlicht freilich vor dem Abgasskandal des Volkswagen-Konzerns im September 2015, so ist entschuldigend zu bemerken. Soweit also nichts Neues.

Die Umwelt- und Naturschutzverbände haben demgegenüber eine positive Bilanz der Gerechtigkeitsenzyklika[228] gezogen.

Christoph Bals, Politischer Geschäftsführer der Umwelt- und Entwicklungsorganisation Germanwatch, stellte als Neuigkeit der Enzyklika heraus, dass die Kirche einen grundlegenden Paradigmenwechsel vollziehe und sich von einer neuzeitlichen Interpretation des biblischen Schöpfungsberichts verabschiede, nach welcher der Mensch Herrscher und Besitzer der Natur sei. Der Papst setze dagegen auf eine „universelle Geschwisterlichkeit“ mit allen Mitgeschöpfen. Dies habe auch politische Konsequenzen, indem der Papst etwa die derzeitige unserer Kultur zugrunde liegenden Logik infrage stelle.[229] Olaf Bandt, Bundesgeschäftsführer des Bundes für Umwelt und Naturschutz Deutschland (BUND), bezeichnete die Enzyklika als „großes Versprechen in die Kirche und die Welt hinein“ und forderte den Papst auf, sich jetzt stärker in politische Prozesse einzubringen.[230] Auch aus anderen Teilen der Umweltbewegungen und der Politik gab es eine breite Zustimmung.[231]

Ist Papst Franziskus Marxist?

Erneut aufgenommen wird im Gefolge der Gerechtigkeitsenzyklika „Laudato si“ auch die Debatte darüber, ob der Papst Marxist sei. Die Wirtschaftsredakteurin der taz, Ulrike Hermann, hatte diese Auseinandersetzung bereits in einem viel beachteten und originellen Kommentar Ende 2013 nach dem Erscheinen des Apostolischen Rundschreiben „Evangelii gaudium“ auf die Tagesordnung gesetzt, um eine klare Antwort zu geben:

„Franziskus ist kein Marxist. Dennoch ist es kein dummer Zufall, dass dieses Missverständnis aufkam. An einigen Stellen drückt sich der Papst so apodiktisch aus, dass es nach grundsätzlicher Systemkritik klingt.“[232]

In diesem Zusammenhang verweist sie auf die Aussage, die Furore machte: „Diese Wirtschaft tötet.“ Hermanns beklagte weiter, dass der Papst zwar viele Worte verwende, die radikal klängen, aber das katholische Oberhaupt insgesamt auf Anschlussfähigkeit und Konsens bedacht sei.

Zudem spare der Papst Konkretisierungen aus, etwa wenn es um konkrete Umsetzungen und Handlungsvorschläge sowie politische Konzepte (z.B. Steuern) gehe. Mehr „von Marx“ hätte dem Papst – so Hermann in ihrem Fazit – nicht geschadet, um die systemischen Fragen und Grundlagen des Kapitalismus zu durchdringen: „Die Sprache des Papstes ist zwar anklagend, aber wolkig. Es bleibt unklar, was sich eigentlich ändern soll. So ist nicht deutlich, ob der Papst den gesamten Kapitalismus kritisiert oder nur den Finanzkapitalismus, ob er beides für das Gleiche hält und wie er Marktwirtschaft und Kapitalismus unterscheidet. Der Papst interessiert sich zwar für Armut, aber offenbar nicht für wirtschaftliche Zusammenhänge. Das war bei Marx anders. Nicht alle seine ökonomischen Erkenntnisse waren richtig, aber er wollte verstehen, wie der Kapitalismus funktioniert. In diesem Sinne ist es bedauerlich, dass der Papst kein Marxist ist. Mehr Neugier hätte nicht geschadet."[233]

Papst Franziskus: Kein Marxist – leider?!

Völlig anders sieht dies Hernando de Soto, einflussreicher peruanischer Ökonom und Politikberater. Hernando de Soto befasste sich bereits in den 1980er Jahren intensiv mit der Bedeutung des Eigentums an Immobilien für die Armen, die in die Städte zuwandern. Er startete in Peru eine Kampagne, um Landlose zu Eigentümern des von ihnen bewirtschafteten Landes und arme Stadtbewohner zu Besitzern der von ihnen bewohnten Immobilien zu machen. In Peru gründete er zu diesem Zweck ein Netzwerk von sogenannten „Formalisierungskomitees", um eine zügige und zielgerichtete Übertragung der Eigentumstitel zu ermöglichen. 1989 veröffentlichte de Soto ein Buch zur Beschreibung und Auswertung dieser Entwicklung mit dem Titel „Der andere Pfad" und wandte sich explizit gegen die Kollektivierungsbestrebungen, wie sie etwa von den revolutionären marxistischen Bewegungen Lateinamerikas zu dieser Zeit, insbesondere von der peruanischen Guerillabewegung „Leuchtender Pfad", vertreten wurden.[234]

Als Heilmittel gegen die Armut und zur Ausbildung einer breiten Mittelschicht optierte de Soto für die Gewährung von Eigentumsrechten für die in die (Rand)Städte zugezogene ländliche Bevölkerung und für die Erleichterung von Unternehmensgründungen. Ziel war die Schaffung von persönlichem Kapitalbesitz in der Hand der Armen. „De Sotos Botschaft erzielte dramatische Wirkungen, nicht nur in Südamerika, sondern vor allem in Washington."[235]

Seine Vorschläge prägten lange Zeit die Politik der Weltbank, der US-Agentur für Internationale Entwicklungen und anderer Institutionen, die die Armutsbekämpfung auf ihre Fahnen geschrieben hatten. Zentral geht es de Soto um die ungehinderte Umwandlung und Freisetzung von Kapital in Form von Besitzrechten an Land und Häusern, die wiederum als Grundlage für Kreditgewährungen und Unternehmensgründungen eingesetzt werden, um auf dieser Grundlage der Armut entkommen und in die Mittelschicht aufsteigen zu können. Kapitalbesitz und dessen freie und marktkonforme Verwendung zur Kapitalmehrung soll sozialen Aufstieg möglich machen. Eines der erfolgreichsten Bücher von de Soto trägt dementsprechend den bezeichnenden Titel „Freiheit für das Kapital!“[236]

Doug Saunders hat die Wirkungen und Erfolge der Vorschläge de Sotos und der darauf aufbauenden Programme zur Armutsbekämpfung dezidiert ausgewertet und kommt zu dem Ergebnis, dass der Weg aus der Armut nicht allein durch Landbesitz gefunden werden kann, sondern es (zudem) „eines aktiven finanziellen Engagements und direkter Beteiligung des Staates bedarf und die bloße Ausfertigung von Besitzurkunden und die Qualitäten des Marktes allein nicht ausreichen, wenn soziale Mobilität erreicht werden soll.“[237]

Dieser Hintergrund ist wichtig, um die Kritik eines der einflussreichsten Ökonomen und Politikberaters an Papst Franziskus in seiner Bedeutung und seiner angezielten Wirkung richtig einordnen zu können: Ein führender lateinamerikanischer Ökonom kritisiert den aus Lateinamerika stammenden Papst. Deshalb muss auf die Kritik de Sotos und ihre „politische Dimension“ ausführlicher eingegangen werden.

Hernando de Soto: Der redende (gute) und der schreibende (marxistische) Papst

Der Beitrag de Sotos u.a. für die Wochenzeitung „Die Zeit“ bzw. ZeitOnline nach dem Erscheinen von „Laudato si“ trägt den bezeichnenden Titel: „Der Papst irrt. In seiner Kapitalismuskritik hängt der Heilige Vater zu stark marxistischen Thesen an.“[238] Er segmentiert die Aussagen des Papstes in einen „guten“ Teil, der in den Reden von Papst Franziskus zum Ausdruck kommt, und einen „schlechten“, der in den päpstlichen Enzykliken und schriftlichen Äußerungen enthalten ist. Letztere „wurden offenkundig von Autoren formuliert, deren Überlegungen zur Ungleichheit von globalisierungskritischen Postulaten beeinflusst sind, wie sie uns Karl Marx schon vor 150 Jahren geboten hat.“

Dem Papst wird sozusagen in seinen schriftlichen Äußerungen unterstellt, dass ihm hier eine marxistische Position von außen, von anderen untergeschoben wird, die er selbst wohl nicht billigt, während das eigentliche und authentische Anliegen von Franziskus demgegenüber in seinen Reden zu suchen ist.

Beweise oder gar synoptische Vergleiche zwischen Reden und schriftlichen Äußerungen, die im Gegensatz zueinander stehen könnten und die These einer gespaltenen Persönlichkeit des Papstes in Rede und Schrift stützen würden, werden aber nicht geliefert.[239]

Als Argumentationsfigur ist de Sotos Ansatz „interessant", kann er doch einerseits den „redenden" Papst gegen Marxismusvorwürfe in Schutz nehmen, während der „schreibende" Papst quasi von außen marxistisch unterwandert ist, ihm somit allenfalls eine nur bedingte Schuldfähigkeit für Schrift und Text attestiert werden kann. Reden ohne Marx, Schreiben mit Marx! Hernando de Soto versteht sich als Aufklärer für den „wahren Papst", den redenden. Diesen gilt es vor den negativen Einflüssen von außen zu bewahren und ihn darüber aufzuklären, was offenkundig andere Autoren in seinem Namen fälschlich formulieren. Hieraus ergibt sich auch das Grundproblem des Autors: „Jedes Mal, wenn ich dem Papst zuhöre, ertappe ich mich dabei, dass ich mit seinen Schlussfolgerungen fast einig bin. Wenn ich aber die in seinem Namen geschriebenen Texte lese, stelle ich fest, dass sie auf vier marxistischen Prämissen beruhen, die infrage gestellt werden müssen."

Diese vier marxistischen Prämissen, die den Schreiben des Papstes angeblich zugrunde liegen, sollen sein: (1) Die Niederlage des Kapitalismus gilt dem „schreibenden Papst" als „historisch vorbestimmt." Hierbei handelt es schlicht um eine falsche Vorhersage. (2) Ein „kultureller Determinismus" der päpstlichen Schriften führt einerseits zu einer berechtigten Brandmarkung von Gier und Egoismus, aber andererseits wird die durch die Globalisierung herbeigeführte „Kultur der gegenseitigen Beziehungen und der Freiheit" ausgeblendet. Damit unterschlägt der Papst die Vorteile der Globalisierung, und dass heute statt einer „Diktatur des Proletariats" der Widerspruch zwischen Wachstum und Gleichheit durch Gesetze entschärft und erfolgreich gelöst wird. (3) Die dritte „pseudo-päpstliche", von Fremdautoren untergeschobene Prämisse geht davon aus, „dass von den Einkünften aus dem Kapital nur die Reichen profitieren." Demgegenüber macht de Soto geltend, dass die sogenannten armen Arbeiter heute ausgebeutete arme Unternehmer seien, denen die rechtlichen Mittel zur Sicherung von Einkünften verwehrt würden. Nicht die Arbeit der Armen wird also ausgebeutet, sondern das Kapital der Armen. Die Armen sind also ausgebeutete Kleinkapitalisten. Wer diese Ausbeutung allerdings betreibt, lässt de Soto offen. (4) Marx Behauptung, dass Kapital durch die Ausbeutung der Arbeitskraft entstehe, entspricht nicht dem aktuellen Wissensstand: „Heute wissen wir: Wert kann auch aus nichts durch die Kombination unnützen Teilen einer Wirtschaft zu einem komplexeren Ganzen geschaffen werden." Als universales Gesetz für die Errungenschaften des Kapitalismus gilt ganz auf der Linie der bisherigen Veröffentlichungen de Sotos: „Die Errungenschaften des Kapitalismus (...) resultieren aus der Zusammenführung von Menschen und deren Eigentumsrechten. Jede erfolgreiche Zusammenführung schafft einen zusätzlichen Wert, der an verbrieften Eigentumsrechten festgemacht ist."

Die Geschichte der Menschheit erscheint nicht als Abfolge von Klassenkämpfen oder gar von Macht- und Herrschaftsverhältnissen, sondern als eine der Durchsetzung von Eigentumsrechten und deren Verwertung, somit als kapitalistische Erfolgsgeschichte.

Und weil dies so war und ist, musste sich die „kapitalistische Produktionsform" als die überlegene und die sich durchsetzende erweisen, denn sie war gegenüber der marxistischen Weltsicht besser in der Lage, die Spannungen zwischen Wachstum und Gleichheit zu bewältigen. Kurz: Die marxistischen Prämissen des Papstes sind nicht auf der Höhe der Zeit und kontraproduktiv!

All' dies sehen der Papst bzw. seine „Schreiberlinge" nicht, da sie u.a. einer falschen marxistisch geprägten Geschichtsschreibung anhängen. Vollends skurril werden die Behauptungen de Sotos, wenn er die historische Funktion von Parteien zu identifizieren versucht und folgende Unterscheidung geltend macht: „Rechte Parteien stiegen im Westen auf, um die ‚kleinen Leute' vor missbräuchlicher Staatsgewalt zu schützen, während linke Parteien sie vor ausbeuterischen Firmen in Schutz nahmen." Dass rechte Parteien sich gerade in der Geschichte Europas im letzten Jahrhundert der Staatsmacht (gewaltsam) zum eigenen Vorteil und zum Missbrauch bemächtigten, die Rechte der ‚kleinen Leute' mit Füßen getreten haben und linke Parteien keineswegs durchweg Bollwerke gegen die Ausbeutung waren und bis heute sind, diese Differenzierungen will de Soto nicht sehen, denn nur eines ist bedeutsam: „Wichtig dabei ist, dass die meisten Bürger Eigentumsrechte und die Instrumente für die Geschäftsorganisation verliehen bekamen, was für den Schutz und die Mehrung der Besitztümer auf den globalen Märkten wesentlich war."

Egal, ob Rechte oder Linke, am Ende wird alles gut, wenn die „Geschäftsorganisation" stimmt und die Besitztümer vermehrt werden. Und warum der Kapitalismus als universelle Botschaft heute viele nicht mehr zu überzeugen vermag, ist auch klar: Er sichert nicht die Eigentumsrechte aller Menschen. Der Papst obliegt mit seinen marxistischen Prämissen einer falschen Weltanschauung, die die Globalisierung als Übel und den Kapitalismus als Ursache der Ungleichheit begreift.

De Sotos Position ist klar: Entgegen der Aussagen des päpstlichen Lehrschreiben bedarf es heute einer Entgrenzung und Ausweitung der Globalisierung sowie der weltweiten Durchsetzung von Eigentumsrechten, was die Ausbeutung der Armen beenden wird.

Ja, die Ungleichheit, die der Papst beklagt, ist ein Übel, das durch gesetzliche Regelungen beseitigt oder zumindest ausgeglichen werden kann, aber nur unter der Voraussetzung einer weltweiten Durchsetzung des kapitalistischen individualistischen Eigentumsrechts – so de Soto. Und da stört ein Schreiben, wie „Laudato si", das die Sozialpflichtigkeit und die „soziale Hypothek" jedweden (Privat-)Eigentums anmahnt.[240]

Erstaunlich ist zudem, dass de Soto systematisch alle Ausführungen der Sozialenzyklika ausblendet, die die Bedeutung des Eigentums für die Armen herausstellen und im Kontext der Eigentumslehre der Kirche situieren, Argumentationsstränge, die durchaus in die Richtung des peruanischen Ökonomen gehen.[241] Der Marxismusvorwurf hat (in der Kirche) immer schon zu einer gewissen Blindheit geführt. Auch de Soto und seine „katholischen Kollegen" bilden hier keine Ausnahme. Und da hilft es nur wenig, dem redenden Papst das „Zuckerbrot" zuzuteilen, und dem schreiben(lassen)den die Peitsche des Marxismusvorwurfs.

Fraglich ist zudem, welche konkreten Ausführungen in dem Lehrschreiben des Papstes de Soto konkret für seine Kritik geltend machen könnte. Denn benannt und angeführt werden von ihm keine.

Vielmehr will de Soto Prämissen als Voraussetzungen für die logischen Schlussfolgerungen der päpstlichen Aussagen ausgemacht haben. Eine kritische Vergewisserung oder historische Herleitung aus dem, was der Autor als „Marxismus" bezeichnet, fehlt ebenfalls völlig. Erinnert sei nur daran, dass Karl Marx die Frage des Eigentumsrechts als Herrschaftsrecht und des Mehrwerts (historisch) differenziert und keineswegs widerspruchsfrei herausgearbeitet hat. Auch die Unterstellung, dass der Papst daran festhalte, dass Kapital ausschließlich aus Arbeitskraft entstehe, verkennt die heftigen Auseinandersetzungen um die sogenannte „Arbeitswertlehre" und den Kapitalbegriff in der Soziallehre der Kirche, in denen sich eben nicht „linke Positionen" durchsetzten.

Dass der Begriff „Kapital" in den Schreiben des Papstes keine oder allenfalls eine „indirekte Rolle" spielt – so taucht der Begriff etwa in „Evangelii gaudium" gar nicht auf und in „Laudato si" einmal im Kontext mit den Aktivitäten multinationaler Unternehmen[242] – wird von de Soto nicht zur Kenntnis genommen oder problematisiert, was man ja hinsichtlich der päpstlichen Ausführungen durchaus bemängeln kann und sollte.

Darüber hinaus lässt sich nicht nachweisen, dass der Papst sowohl in seinen Reden als auch in seinen Schreiben der Prämisse anhängt, dass der Kapitalismus seiner endgültigen Niederlage und damit seinem historischen Ende entgegengeht. Der Papst hält die „jetzige Wirtschaft"[243] offensichtlich für hoch lebendig und bestimmend, aber dringend reformbedürftig, und dies in struktureller Hinsicht. Gerade weil dies so ist, bedarf es aus seiner Sicht der intensiven und sozialethisch fundierten und in der Tradition der Soziallehre der Kirche stehenden Kapitalismuskritik, denn die Totgesagten leben bekanntlich länger... Von Marx keine Rede! Und selbst der in dieser Hinsicht verdächtige Begriff „Revolution" taucht in „Laudato si" nur an einer Stelle im Zusammenhang mit Wissenschaft und Technologie auf.[244]

Auch kann keine Rede von einem kulturellen Determinismus als Prämisse der bisher veröffentlichten päpstlichen Schreiben sein. Gerade der Kulturbegriff wird von Papst Franziskus eher schillernd, z.T. undifferenziert gebraucht[245] und als ein Prozess verstanden, der prinzipiell offen zu gestalten ist. Kultur gilt ihm zudem als großer Reichtum und Ausdruck von Vielfalt, die es zu bewahren, zu fördern und auszubauen gilt.

Von einer kausalen Vorbestimmung der Kultur ist an keiner Stelle des päpstlichen Schreibens die Rede.

Weil sich in den Texten selbst nichts findet, muss der neoliberale de Soto „Prämissen" geltend machen, die angeblich die päpstlichen Texte grundieren, aber dann innerhalb der Verlautbarungen nicht nachgewiesen werden. Unterstellt wird hierdurch ein „geheimer Lehrplan", auf dem die päpstlichen Schreiben basieren, aber von den „Ghostwritern" des Papstes (auch diesem selbst) nicht offen gelegt werden – aus welchen Gründen auch immer. Der „schreibenlassende" Papst von Marxisten unterwandert!

Der Marxismusvorwurf gegen Papst Franziskus verfolgt in erster Linie eine politische Stoßrichtung, die die Verlautbarungen des Papstes als überholt, unzeitgemäß und an den Errungenschaften des „siegenden Kapitalismus" vorbeigehend und diese nicht akzeptierend diskreditieren soll.

Nicht ohne historische „Spitze" ist es dabei, dass ausgerechnet ein neoliberaler lateinamerikanischer Ökonom den Marxismusvorwurf gegen Papst Franziskus in dieser Schärfe vorträgt und damit auch Erinnerungen an eine historische innerkirchlich unfruchtbare Auseinandersetzung wachruft. Adressierte die römische Kongregation für die Glaubenslehre Mitte der 1980er Jahre noch unter ihrem Vorsitzenden Kardinal Ratzinger, dem späteren Papst Benedikt XVI., den Marxismusvorwurf an die Vertreter der lateinamerikanischen „Theologie der Befreiung"[246], für die Papst Franziskus eindeutig Sympathien hegt und deren Götzen- und Fetischkritik er aufnimmt,[247] kehrt sich die Richtung nunmehr um: Der Papst selbst wird unter Marxismusverdacht gestellt! Zu viel Marx – leider!

Die Frage, ob Papst Franziskus Marxist ist oder marxistische Prämissen teilt, trägt wenig zum Verständnis und zur Interpretation der vor allem sozialethischen Positionierungen des Papstes bei. Was der einen (Ulrike Hermann) zu wenig durchdacht und nach wirtschaftlicher Fundierung verlangt, führt bei dem anderen (Hernando de Soto) zu Pauschalisierungen und Unterstellungen. Notwendige Differenzierungen unterbleiben.

Die wirtschaftlichen Zusammenhänge, die der Papst aufgreift, folgen offensichtlich nicht einer bestimmten Doktrin oder einer durchdachten Wirtschaftslehre. Der Papst bleibt „phänomenologisch“, das Sichtbare – theologisch gewendet: die „Zeichen der Zeit“ – biblisch und sozialethisch deutend und er stellt dabei die Belange und Rechte der Armen in den Mittelpunkt.

„Die, die weint“ |Steatit| 2011

Kapitel 8:

Typisch Franziskus!? – Eine Würdigung und Zwischenbilanz

„Der Mann in Rom ist radikal. Er ist so, wie wir trotz Laudato si nicht geworden sind. Er ist zornig, wir sind bürgerlich. Er ist sohondeherbahar, wir sind vernünftig. Er ist jung, wir sind alt. Entweder wir lieben ihn dafür. Oder wir verzeihen ihm das nie."

Christiane Florin[248]

Was ist neu? – Zum Kairos von „Laudato si"

Viele der Kommentatorinnen und Kommentatoren vor allem aus dem kirchlichen, sozialethischen und theologischen Spektrum haben das Neue an der päpstlichen Sozialenzyklika „Laudato si" herausgestellt. Und nicht selten gab es vor allem in Teilen der Ökologiebewegung Erstaunen darüber, dass sich der Papst überhaupt mit ökologischen Fragestellungen befasst. So stellt Markus Vogt, Professor für Christliche Sozialethik an der Ludwig-Maximilians-Universität in München, geradezu euphorisch fest: „Die Enzyklika Laudato si' ist ein Meilenstein in der Entwicklung der katholischen Soziallehre. Erstmals wird das komplexe Themenfeld der ökologischen Herausforderung umfassend auf der Ebene der päpstlichen Lehrschreiben behandelt. Damit schlägt sie ein neues Kapitel der Lehrverkündigung auf. In diesem Mut zu einer radikalen thematischen Erweiterung ist sie mit der Enzyklika Popolorum progessio vergleichbar, die Paul VI. 1967 veröffentlichte (...)."[249] Damit konstatiert er zutreffend, dass sich das Neue vor allem auf die Thematik der Ökologie bezieht, die Papst Franziskus erstmals *systematisch und ausführlich* in einem päpstlichen Lehrschreiben angeht.

Dies wird im Vergleich mit den Vorgängern Papst Franziskus' und deren Äußerungen deutlich, die allerdings als Weg-

bereiter in Erinnerung gerufen werden sollten, denn zu vielem, was in „Laudato si" als neu erscheint, wurden die Fährten und der Grundansatz bereits in der Vorgeschichte des päpstlichen Schreibens gelegt.[250]

So stellte bereits Paul VI. in seinem Apostolischen Schreiben „Octogesima adveniens" von 1971 ausdrücklich den Zusammenhang von Ökologie und Sozialem her und bezeichnete diese Verbindung als konstitutiv für die Soziale Frage insgesamt. Zur Umwelt und Mitwelt führte Paul VI. aus: „Dessen werden sich die Menschen heute fast überstürzt bewusst: nämlich die Natur so unbedacht ausgeschlachtet zu haben, dass Gefahr besteht, sie zu zerstören, und dass der in solchem Missbrauch liegende Schaden wieder auf sie selbst zurückfällt. Aber nicht nur die Umwelt des Menschen wird für diesen stets feindlicher, wie zum Beispiel die Verunreinigung der Natur, Umweltverschmutzung, neue Krankheiten, absolute Vernichtungskraft; der Mensch hat auch die menschliche Gesellschaft selbst nicht mehr im Griff, so dass er für seine Zukunft Lebensbedingungen herbeiführen kann, die für ihn ganz und gar unerträglich sind. *Es handelt sich um die Soziale Frage, die so weite Dimensionen hat, dass sie die gesamte Menschheitsfamilie erfasst.* Derart neuen Aussichten müssen die Christen ihre Gedanken zuwenden, damit sie sich zusammen mit den übrigen Menschen der Verantwortung für das Schicksal bewusst werden, das ein allen gemeinsames zu nennen ist."[251]

Dies ist nur ein exemplarisches Beispiel dafür, dass ökologische Fragen und der Grundansatz von „Laudato si" innerhalb der Soziallehre der Kirche bereits vor 2015 virulent waren, aber eine systematische und ausführliche Aufarbeitung in einer Sozialenzyklika bis zu diesem Zeitpunkt ausblieb.

Hier kommt zweifelsohne der „katholische Verspätungsfaktor"[252] zum Tragen, den Markus Vogt ausmacht. Papst Franziskus entwickelt, ganz in der Tradition des Aufbaus und der Gliederung vorhergehender Enzykliken, in „Laudato si" einleitend eine kirchengeschichtlich geraffte historische Rekonstruktion, die zeigen soll, dass auch diese Sozialenzyklika sich in das kontinuierliche „Denken" und die Tradition der bisherigen päpstlichen Sozialenzykliken einreiht.[253] Jetzt aber sei die Zeit reif, den Themenkomplex ausführlich anzugehen, da die wissenschaftliche und öffentliche Diskussion nun fortgeschritten sei und eine „steigende Sensibilität“[254] bestehe. Bereits der Verweis auf den „katholischen Verspätungsfaktor“ wirft damit neben der Frage nach Neuheit und Kontinuität die nach dem Zeitpunkt des Erscheinens auf, nach dem „Kairos“, den Papst Franziskus – wie bereits konstatiert – aufgrund der erreichten wissenschaftlichen Diskussionslage und Sensibilität der Öffentlichkeit vor den Pariser Verhandlungen der Weltklimakonferenz als gegeben sieht.

Enzyklika der „nachholenden Entwicklung“ und der offenen Parteinahme

In weiten Teilen war und ist die päpstliche Soziallehre, wie bereits die erste systematische päpstliche Sozialenzyklika Papst Leo XIII. „Rerum novarum“ von 1891, auch das Ergebnis sozialer Bewegungen von unten,[255] in denen bereits grundlegende Inhalte, Forderungen und politische Strategien vorgedacht wurden, die dann maßgeblich Eingang in die offizielle lehramtliche Soziallehre fanden.[256] Dies spiegelt sich auch in der Sozialenzyklika von 2015.

„Laudato si“ ist eine päpstliche Enzyklika der „nachholenden Entwicklung“, denn viele der in der Sozialenzyklika angesprochenen Fragen und erhobenen Forderungen sind seit mehr als drei Jahrzehnten etwa in kirchlichen Hilfswerken und Sozialverbänden in Deutschland vorgedacht worden.[257]

Ebenso ist an den ökumenischen, konziliaren Prozess für „Gerechtigkeit, Frieden und Bewahrung der Schöpfung“[258] zu erinnern, der zwar nicht nur in Deutschland ab Mitte der 1980er Jahre eine große Breitenwirkung entfalten konnte, auf den aber als Wegbereiter erstaunlicherweise nicht mal andeutungsweise in der Enzyklika hingewiesen wird, obwohl der Zusammenhang der Themen des konziliaren Prozesses als konstitutiv gegen jede Form von Reduktionismus gelobt wird.[259] Dies ist umso erstaunlicher, als Papst Franziskus großen Wert auf die Betonung der Bedeutung sozialer Bewegungen legt. Der der päpstlichen Sozialverkündigung lange Zeit zum Vorwurf gemachte „Eurozentrismus“ findet sich auch in „Laudato si“ nicht mehr. Der Papst blickt auf die Armenbewegungen Lateinamerikas, auch aus seinen persönlichen

Lebenserfahrungen heraus. Aber eine Blickweitung auf europäische Bewegungen hin hätte diesbezüglich der Enzyklika nicht geschadet und eine Ermutigung der am Rande der katholischen Kirche in Europa bestehenden Bewegungen bedeutet, insbesondere derjenigen Frauen und Männer, die den ökumenischen, konziliaren Prozess auch gegen Widerstände in der eigenen Kirche durchtragen.

Jedenfalls nimmt „Laudato si" in zentralen Punkten die von den globalen Gerechtigkeitsbewegungen erhobenen Forderungen auf und macht sich diese zu eigen. Und dies in einer Übereinstimmung und einem Ausmaß, vor allem in einer Deutlichkeit, die als Neuheit für die Soziallehre der Kirche konstatiert werden kann.

In den vorausgegangenen Enzykliken finden sich, wie in „Laudato si" auch, Verweise und Bezugnahmen vor allem auf Dokumente bzw. Entschließungen international verfasster Organisationen, vorrangig der Vereinten Nationen (Menschenrechtserklärungen), aber keine Sozialenzyklika weist bisher so deutliche Übereinstimmungen mit und keine so breite Übernahme von (aktuellen) Forderungen der globalen Gerechtigkeitsbewegungen auf wie diese. Ein Beispiel. Zum bereits angesprochenen Thema „Wasser"[260] stellt der Papst fest: „In Wirklichkeit ist der Zugang zu sicherem Trinkwasser ein grundlegendes, fundamentales und allgemeines Menschenrecht, weil es für das Überleben der Menschen ausschlaggebend und daher die Bedingung für die Ausübung der anderen Menschenrechte ist."[261] Papst Franziskus rekurriert mit dieser Aussage implizit auf das Recht auf Zugang zu sauberem Wasser, wie es am 28. Juli 2010 von der Generalversammlung der Vereinten Nationen als Menschenrecht anerkannt worden ist. In der Resolution 64/292 heißt es u.a.: „Die Generalversammlung (...) erkennt das Recht auf einwandfreies und sauberes Trinkwasser und Sanitärversorgung als ein Menschenrecht an, das unverzichtbar für den vollen Genuss des Lebens und aller Menschenrechte ist."[262]

Die Parallelen zwischen der Resolution und der Forderung des Papstes sind eindeutig. Dennoch weist „Laudato si" an dieser Stelle nicht mal in einer Anmerkung auf die Resolution hin, die allerdings für die 192 Staaten der Vereinten Nationen rechtlich nicht bindend ist, so dass sich aus ihr keine unmittelbar einklagbaren Rechtsansprüche ableiten lassen. Dennoch hat diese Verankerung des Menschenrechts auf

Wasser durch die Generalversammlung der Vereinten Nationen einen hohen politischen Stellenwert, den sich Papst Franziskus durch einen entsprechenden Hinweis bzw. Verweis hätte zunutze machen können. Demgegenüber situiert Papst Franziskus das Menschenrecht auf Wasser nicht in Bezugnahme zur Resolution der Vereinten Nationen, sondern er stellt es in einen juridischen Kontext, aus dem sich dieses Recht aus moralischen und ethischen Überlegungen quasi „natürlich" ergibt, *deshalb* eine Befolgung durch die Weltgemeinschaft und den Einzelnen einfordert und damit das Menschenrecht auf Wasser als Teil des Völkerrechts *verbindlicher* bzw. *bindender* machen soll.[263]

Papst Franziskus setzt sich für eine Weiterentwicklung des Menschenrechts auf Wasser ein – hin zu einem gerichtlich einklagbaren und vollstreckbaren Recht, das den „Wasserfürsten" dieser Welt das Recht auf Privatisierung und Verwertung des Wassers als Ware nimmt. Damit unterstützt Papst Franziskus die Forderungen der globalen Gerechtigkeitsbewegungen, die die konsequente Einlösung des Menschenrechts auf Wasser seit mehreren Jahrzehnten einfordern, sich weltweit vernetzen und nicht zuletzt im Vorfeld der UN-Resolution eine herausragende Rolle gespielt haben. Die gemeinsamen Hauptforderungen dieser Bewegungen sind, Wasser und sanitäre Grundversorgung den privatkapitalistischen Profit- und Verwertungsinteressen zu entziehen (Wasser ist keine Ware!), einer demokratischen legitimierten „öffentlichen Treuhänderschaft" zu unterstellen und Wasser und sanitäre Grundversorgung unterschiedslos für alle Menschen verfügbar, zugänglich, sicher, annehmbar und erschwinglich zu machen. Zudem: Das Recht auf Wasser zu achten, zu schützen und gesetzlich zu verankern, schonend mit den vorhandenen Wasserressourcen umzugehen und eine „ökologisch-soziale Transformation" hin zu einer nachhaltigen globalen Wirtschaftsweise zu vollziehen.[264] In der Deklaration des Alternativen Weltwasserforums aus dem Jahre 2012 werden diese Forderungen gebündelt. Dort heißt es: „Als Antwort auf die zunehmende Privatisierung von Wasser halten wir das Konzept von Wasser als einem grundlegenden Lebenselement des Planeten und als ein fundamentales und unveräußerliches Menschenrecht aufrecht. Wir bestehen darauf, dass die Solidarität zwischen heutigen und zukünftigen Generationen garantiert werden muss, wir weisen alle Formen von Wasserprivatisierung zurück und erklären, dass Wasser öffentlich, kooperativ, partizipativ, gerecht und nicht auf Profit ausgerichtet organisiert und kontrolliert sein muss."[265] Diese Sätze könnten wortwörtlich von Papst Franziskus stammen! Die Wasseraktivistin Maude Barlow stellt fest: „Es wird immer deutlicher, dass die Wasserkrise nicht nur eine ökologische, sondern auch eine menschliche Dimension hat. Beide sind eng miteinander verflochten und können nur gemeinsam gelöst werden."[266] Genau das meint Papst Franziskus, wenn er davon spricht, dass sich der ökologische Ansatz „immer in einen sozialen Ansatz verwandelt"[267] und eine „ganzheitliche Ökologie"[268] einfordert. Es ist deshalb kein Wunder, dass gerade die Wasserfrage in „Laudato si" durch die globalen Wasser- und Umweltbewegungen weltweit mittlerweile eine breite Rezeption erfahren hat, auch da, wo bisher der katholischen Kirche eher skeptisch begegnet wurde (und wird).

Hatte Papst Johannes Paul II. in seiner Enzyklika „Laborem exercens" seine Unterstützung der Forderungen der unabhängigen und selbstverwalteten polnischen Gewerkschaftsbewegung Solidarno 1981 noch verklausuliert, oftmals umständlich und in das Gewand der katholischen Traditionen der kirchlichen Soziallehre gekleidet und den unmittelbaren konfliktiven politischen Kontext allenfalls zaghaft angedeutet, optiert Papst Franziskus eindeutig und offen für die Forderungen der sozialen Bewegungen. Hatte noch Papst Benedikt XVI., „the Green Pope",[269] großen Wert darauf gelegt, das Engagement der ökologischen Bewegungen zu würdigen, aber ihren Forderungen nicht zu nahe zu kommen und bei den ökologischen Fragen die fachliche und politische Kompetenz der Kirche nicht zu überschreiten,[270] nimmt Papst Franziskus die Programme der globalen Gerechtigkeitsbewegungen etwa gegen die Privatisierung des Wassers offen auf und macht sich zum Sprecher dieser Bewegungen, nicht unkritisch, aber eindeutig.

Auch insofern ist „Laudato si" ein „Meilenstein" in der Entwicklung der päpstlichen Sozialverlautbarungen. Die päpstliche Soziallehre wird unmittelbar „politischer", sie wird konkreter.

Die päpstliche Sozialverkündigung schlägt „ein neues Kapitel der Lehrverkündigung auf", indem sie sich offen die Forderungen globaler Gerechtigkeitsbewegungen zu eigen macht und damit eine gemeinsame Dialog- und Aktionsplattform für die Sorge um das gemeinsame Haus schafft. Nicht zuletzt verschafft Papst Franziskus so den globalen Gerechtigkeitsbewegungen Legitimation durch das höchste Lehramt der katholischen Kirche. Mag dies für Bewegungen, die in demokratischen Gesellschaften agieren, von untergeordneter Bedeutung sein, für die unterdrückten und verfolgten Bewegungen unserer Welt ist es nicht zu unterschätzen und ein Pfund, mit dem sie wuchern können gegenüber all denen, die das Recht auf Wasser und generell das Recht auf Leben mit Füßen treten. Damit wird nochmals die hohe Bedeutung sozialer Bewegungen nicht nur im Hinblick auf die Entstehungs- und Abfassungsgeschichte der Enzyklika „Laudato si" unterstrichen, sondern ebenso für deren Rezeption und Umsetzung in (umwelt-)politisches und soziales Gerechtigkeitshandeln. Die sozialen Bewegungen sind „Subjekte" päpstlicher Soziallehre. Ohne soziale Bewegungen keine Veränderung zum Guten! – Das ist die Botschaft eines Papstes, der wie kein anderer vor ihm politisch ist.

Eine Zwischenbilanz zur „Wirkungsgeschichte" von „Laudato si"

Inzwischen ist es in der Öffentlichkeit um die päpstliche Sozialenzyklika vom 24. Mai 2015 wieder deutlich ruhiger geworden. Vom Medien-Hype und den Kontroversen in den ersten Wochen nach dem Erscheinen sind allenfalls zaghafte Hinweise auf „Laudato si" an der ein oder anderen Stelle geblieben.

Der päpstlichen Einladung zum Dialog über den „Schrei der gepeinigten Erde" und dem „Schrei der unterdrückten und ausgebeuteten Armen" fehlt eine strukturelle und organisatorische Plattform, die einem systematischen Dialogprozess mit allen Menschen guten Willens auch weltkirchliche Konturen geben könnte.

Die praktischen Auswirkungen auf das eigene kirchliche Handeln der katholischen Kirche bleiben so begrenzt. Vorrangig in den „Spezialbereichen" der kirchlichen Umweltbildung und der Bildungsarbeit insgesamt, die sich mit ökologischen und sozialen Fragen schon seit längerem beschäftigt haben, bleibt eine Nachwirkung erhalten, nicht zuletzt indem die Legitimation für diese Bereiche und deren Bedeutung für das kirchliche Handeln gestärkt wurde und wird.

Die Gründe für die begrenzte Wirkung des päpstlichen Lehrschreibens dürften sehr vielfältig sein. Einerseits hat im landläufigen kirchlichen Milieu die Soziallehre der Kirche immer ein Nischen- und

Randdasein geführt, welches auch durch „Laudato si" allenfalls in Ansätzen – zeitlich begrenzt und durch die mediale Öffentlichkeit befördert – überwunden werden konnte, trotz der Dringlichkeit und Unausweichlichkeit der Themen, die der Papst in seiner Enzyklika auf die Tagesordnung setzt. Dass mit den sozialen Fragen das „depositum fidei" in seinem Kern berührt wird, wie schon der Mainzer Arbeiterbischof Wilhelm Emmanuel von Ketteler Mitte des 19. Jahrhunderts im Hinblick auf die allgemeine Lage der Kirche resigniert feststellte,[271] bleibt vielen Christinnen und Christen auch heute noch undurchsichtig und wenig nachvollziehbar. Die „Sonntagskirche" geht ihren Gang, eine „politische Theologie" und eine „Ethik sozialer Bewegungen" bleiben Randerscheinung. Andererseits ist ein Kreisen und eine „Ressourcenkonzentration" um dringend notwendige kirchliche Reformprozesse mit der Folge zu verzeichnen, dass binnenkirchliche Themen und kirchenzentriert gesteuerte „Dialogprozesse" eine Vorrangstellung einnehmen. Zumindest kann dies für zahlreiche nationale Bischofskonferenzen und Nationalkirchen in Europa festgestellt werden. Eine Kirche aber, die um sich selbst kreist, bleibt dialogunfähig und „kurialen Krankheiten" verhaftet, die Papst Franziskus in aller Deutlichkeit in seiner Advents- und Weihnachtsansprache vor den Leitern der römischen Kurie am 22. Dezember 2014 „pathologisiert" hatte,[272] sicherlich nicht nur auf diesen begrenzten Zuhörerkreis gemünzt. Soziale Themen im Dialog „nach außen" hin bleiben angesichts der Strukturdebatten so zwangsläufig unterbelichtet. Binnenkirchlicher beschränkter Dialog hat Vorrang vor Außenbezug. Damit wird die auch für die kirchlichen Reformen notwendige „Fremdprophetie" unterminiert. Dies ist freilich ein Befund, der nicht nur für die Rezeption von „Laudato si" von grundlegender Bedeutung ist und der Kritik bedarf.[273]

Mag dieser Zwischenbefund zur „Großwetterlage" der katholischen Kirche eher ernüchternd ausfallen, so hat die Sozialenzyklika dennoch in den kirchlichen bzw. kirchlich gebundenen Bereichen, die sich schon seit längerem mit den ökologischen und sozialen Herausforderungen beschäftigen, nicht nur die päpstliche Legitimation für das Solidaritäts- und Gerechtigkeitshandeln gestärkt, sondern auch einen Praxisschub bewirkt.

Kirchengemeinden stellen die notwendige „öko-soziale Transformation" in den Mittelpunkt ihres Handelns, von der Versorgung mit umweltfreundlicher und nachhaltiger selbsterzeugter Energie bis hin zum politischen Einsatz gegen Umwelt und Lebensraum zerstörende Großprojekte im Amazonasgebiet. „Laudato si" liefert dazu nicht selten die Blaupause und der Verweis auf das Lehrschreiben des Papstes wirkt dabei auch gegenüber den unpolitischen und „konservativen" Gemeindemitgliedern als Einfallstor für eine neue, zielgerichtete gemeindliche Praxis des Gerechtigkeitshandelns und der „Option für die Armen". Nicht zuletzt – so mein Eindruck – spielt eine „ökologische Spiritualität" zunehmend eine nicht zu unterschätzende Rolle, eröffnet sie doch den Zugang zu einer „kontextuellen Theologie", die die „Weltprobleme" unmittelbar im lokalen Kontext gemeindlicher Praxis implementieren hilft, Zusammenhänge deutlich macht und Möglichkeiten eines konkreten kollektiven Handelns eröffnet. Praktische Umsetzung und Alternativen zeigen, was möglich ist und Spaß macht. Sie begeistern so im (generationsübergreifenden) Einsatz für eine bessere Welt. Inwieweit diese „zarten Pflänzchen" die Kirche nachhaltig durchdringen, bleibt abzuwarten. Die zumindest mit dem Pontifikat von Papst Franziskus verbundene Aufbruchsstimmung in Teilen der katholischen Kirche ist in ihrer Wirkung und vor allem Wirksamkeit derzeit noch schwer abzuschätzen, gerade hinsichtlich längerfristiger Effekte hin zu einer Politisierung gemeindlicher Praxis.

Ob es sich um ein Strohfeuer handelt oder eine nachhaltige Entwicklung, ist m.E. offen. Dies gilt auch für die Wirkung bzw. Wirksamkeit von „Laudato si".

Die Geschichte der päpstlichen Soziallehre macht jedenfalls deutlich, dass auch langfristige Transformationen auszumachen sind, die im unmittelbaren Zeitbezug nur schwer ersichtlich waren und sind. So hat etwa die konsequente Hinwendung der Soziallehre der Kirche zu internationalen Fragen und einer weltumspannenden Perspektive (unter Aufgabe einer binnenkirchlichen Zementierung und eurozentrischen Sicht) sozialethischer und ordnungspolitischer Fragen seit Papst Johannes XXIII. eine langfristige Wirkung erzeugt, die bis heute anhält. Die Geschichte ist offen, gerade für eine Kirche, die die „Zeichen der Zeit" prophetisch zu deuten hat.

Politik machen mit „Laudato si": Die UN-Klimakonferenz in Paris und der Vatikan

Lässt sich die binnenkirchliche Wirkungsgeschichte von „Laudato si" allenthalben ansatzweise abschätzen, so gilt dies auch für die unmittelbaren politischen „Ausläufer". Bewusst im Vorfeld der Pariser Weltklimakonferenz platziert, hat „Laudato si" die öffentliche Meinung hin zu einer konsequenten Bekämpfung des Klimawandels positiv beeinflusst, hat Politikerinnen und Politiker dazu gedrängt, Stellung zu den Aussagen des Papstes zu beziehen. Die aufgezeigten „polarisierenden" Reaktionen – nicht nur in den USA – sind hierfür ein Beleg. „Laudato si" ist ein Appell an die Mächtigen dieser Welt, einen anderen Pfad einzuschlagen und verbindliche Absprachen zu treffen.

Die Presse wusste zu berichten, dass sich der Papst direkt in die Pariser Abschlussverhandlungen eingeschaltet habe und an höchster Stelle in Nicaragua intervenierte, um in der entscheidenden Abstimmung, die an der Delegation aus Nicaragua zu scheitern drohte, ein für alle einvernehmliches Ergebnis zu erreichen und Nicaragua zum Einlenken zu bewegen. Dazu sei er extra aus einer Messe geholt worden, um ein entsprechendes Telefonat zu tätigen.[274] Ob dieser Bericht als eine der vielen Anekdoten zu werten ist, die sich mittlerweile um Papst Franziskus ranken, mag dahingestellt sein. Typisch Franziskus wäre es.

Sein Agieren würde auch in die Linie passen, die Papst Franziskus gegenüber Nicaragua seit seinem Pontifikat eingeschlagen hat. Hatte 1983 die Reise Papst Johannes Paul II. nach Zentralamerika noch die Konfrontation zwischen dem römischen Lehramt und Nicaragua im Zuge der Auseinandersetzung um die „Theologie der Befreiung" verschärft und für einen Eklat gesorgt,[275] unterhält Papst Franziskus eine intensive Beziehung zur derzeitigen nicaraguanischen Regierung, bei der er hohes Ansehen genießt. Dies auch aufgrund eines deutlichen Zeichens der Entspannung, das der Papst bereits im August 2014 durch die Aufhebung der vor 30 Jahren durch Johannes Paul II. ausgesprochenen Suspendierung des katholischen Priesters Miguel d'Escoto Brockmann, der unter der sandinistischen Regierung Außenminister des zentralamerikanischen Staates war, setzte. Welchen Einfluss Papst Franziskus in Managua geltend machen kann, zeigte sich auch im Dezember 2015 im Vermittlungsangebot des Papstes hinsichtlich der Grenzstreitigkeiten zwischen Costa Rica und Nicaragua.[276]

Wie auch immer die *direkte* Einflussnahme während der Pariser Weltklimakonferenz ausgesehen haben mag, sie liegt im Bereich des Möglichen.

Öffentlich wurde jedenfalls die Einflussnahme des Vatikans auf die Delegation von Venezuela, die ebenso im Vorfeld und während der Pariser Konferenz erhebliche Einwände geltend machte, dann aber ebenfalls dem Schlussdokument zustimmte. Die Chef-Verhandlerin aus Venezuela, Claudia Salerno, hatte maßgeblich an der Präambel mitgearbeitet, in der die Menschenrechte und die „Mutter Erde" benannt werden, ebenfalls zwei zentrale Punkte in der Enzyklika „Laudato si". Salerno dankte ausdrücklich in aller Öffentlichkeit Papst Franziskus für seine Unterstützung für den erreichten Verhandlungsstand.[277] Zudem verkündete sie, Venezuela werde einen eigenen Klimaplan vorlegen, was bis dato seitens des südamerikanischen Staates abgelehnt worden war. Der entscheidende Hintergrund für die einlenkende und konstruktive Rolle Venezuelas und der als harte Verhandlerin bekannten Delegationsführerin während der Verhandlungen in Paris dürften nicht zuletzt den sehr guten Kontakten von Kardinalstaatssekretär und Vatikan-Diplomat Pietro Parolin zuzuschreiben sein. Parolin leitete die vatikanische Delegation in Paris, steht im Ruf, die „rechte Hand" des Papstes und progressiv, zudem einer der vehementen Befürworter und Verfechter der kirchlichen Reformlinie von Papst Franziskus zu sein. Vormals war er Apostolischer Nuntius in Venezuela und gilt als einer der erfahrensten römischen Diplomaten mit profunder Kenntnis der süd- und zentralamerikanischen Regierungen, zu denen er bis heute gute Beziehungen unterhält. Seine guten Verbindungen zur Delegation aus Venezuela dürfte Parolin voll ausgeschöpft haben...

Was der Papst selbst und die Delegation des Vatikans unter Pietro Parolin auf den Verhandlungsverlauf in Paris bewegt haben, wird insbesondere dann deutlich, wenn die Vorgeschichte in den Blick genommen wird. Im Vorfeld der Pariser Weltklimakonferenz rissen die Appelle des Papstes, führender Kardinäle und Repräsentanten der katholischen Weltkirche und die diplomatischen Interventionen des Vatikans nicht ab, um ein positives Verhandlungsergebnis zu erreichen, dem alle Beteiligten letztendlich zustimmen sollten.

Der Vatikan zog alle ihm zur Verfügung stehenden politischen und öffentlichen Register, um die Pariser Verhandlungen

nicht scheitern zu lassen. Die politische Strategie hatte ein abgestimmtes Vorgehen.

Zum einen enthielt sich der Vatikan konkreter Anregungen bzw. Vorgaben, etwa hinsichtlich der Begrenzung der Erderwärmung auf 1,5 Grad oder der Angabe einer anderen Größenordnung. Entsprechend der Enzyklika „Laudato si" sollten diese Festlegungen den Wissenschaftlern bzw. den fachwissenschaftlichen Diskursen und auf der Pariser Konferenz den Verhandlungspartnen überlassen werden. Konkrete Vereinbarungen und Sachverhalte waren Sache der Beteiligten. Zum anderen wurde jedoch eine Menge öffentlicher Kampagnen in Szene gesetzt, die vor allem durch einen sozialethisch-moralischen Impetus grundiert waren, die die Weltverantwortung für das Überleben der Erde und der Menschen und die Verantwortung für kommende Generationen in den Mittelpunkt stellten. Der Papst warf seine amtliche Dignität in die politischen Arenen, um (moralischen) Druck auf alle Beteiligten auszuüben, zu argumentieren, ihnen den Ernst der Lage unmissverständlich klarzumachen, ihnen ins Gewissen zu reden, dies alles mit dem Ziel, die Pariser Verhandlungen nicht durch Egoismen und nationalstaatliche Einzelinteressen ad absurdum zu führen und damit scheitern zu lassen. Paris sollte ein Durchbruch der internationalen Klimaverhandlungen werden. Dafür setzte Rom seine ganze Kraft und diplomatischen Beziehungen und Verbindungen ein.

Nach dem Erscheinen von „Laudato si" wurde die Enzyklika zur „Magna Charta" römischer „Außenpolitik" und Diplomatie.

Der Vatikan organisierte bis zum Beginn der UN-Weltklimakonferenz am 30. November 2015 zahlreiche Treffen mit führenden politisch Verantwortlichen, Vertretern der Zivilgesellschaft, insbesondere mit Personen, die im Hinblick auf die anstehenden Pariser Verhandlungen von Gewicht sein würden. Ein Beispiel unter vielen: Am 16. September 2015 empfing Papst Franziskus so etwa Carole Dieschbourg, die amtierende Vorsitzende des Rats der Umweltminister, im Rahmen einer Audienz mit einer offiziellen Delegation von etwa zwanzig Umweltministern. Betont wurde beidseitig die zentrale Bedeutung der Enzyklika „Laudato si" im Vorfeld der anstehenden Verhandlungen der UN-Weltklimakonferenz und gleichzeitig der gemeinsame Wille zum Erfolg der Verhandlungen. Carole Dieschbourg führte unter Rückgriff auf die Enzyklika „Laudato si" aus: „Ich hoffe sehr, dass die Konferenz von Paris ein voller Erfolg wird. Sie verpflichtet uns alle und sie bietet uns eine Chance, unser Wirtschafts- und Gesellschaftsmodell neu auszurichten und den Fortschritt neu zu definieren. Auf den ersten Blick trennen uns die Folgen des Klimawandels und der Umweltverschmutzung im weiteren Sinne, denn sie betreffen uns alle, jedoch auf unterschiedliche Weise. Der Kampf um den Wiederaufbau unseres gemeinsamen Hauses muss uns vereinen, damit er ein voller Erfolg sein kann."[278] In Rom rissen die Zusammenkünfte, Empfänge, offiziellen und inoffiziellen Gespräch nicht ab und sie kannten fast nur ein Thema: Die anstehende UN-Weltklimakonferenz in Frankreich.

Aber nicht nur das örtlich-römische diplomatische „Paket" wurde in einem bisher historisch seinesgleichen suchenden Vorstoß für gelingende Verhandlungen in Paris eingespannt. Auch auf seinen Reisen machte Papst Franziskus die Enzyklika „Laudato si" zur Grundlage seiner Ansprachen und Anklagen.

Anfang Juli 2015 reiste der Papst nach Lateinamerika und besuchte Ecuador, Bolivien und Paraguay. Vor allem die Reise durch Ecuador war spannungsgeladen, stand das Land doch mitten in einer wirtschaftlichen und politischen Krise. Die Stimmung im Land war aufgeladen, nicht zuletzt aufgrund der Großprojekte, die der sozialistische Präsident Rafael Correa gegen eine Mehrheit in seinem Land durchgesetzt hatte bzw. plante. Vor allem ging es um den Yasuní Nationalpark mit seiner Arten- und Pflanzenvielfalt. Präsident Rafael Correa plante, dort nach Erdöl und Erdgas bohren zu lassen, und gefährdete damit die Lebensgrundlage der dort angesiedelten indigenen Volksgruppen. Erneut entpuppte sich der Papst als „radikaler Umweltschützer", der die ökologischen und sozialen Herausforderungen auf der Grundlage der Enzyklika offen benannte und Ecuador an seine internationalen Verpflichtungen und Verantwortung für den Schutz des Klimas erinnerte. Vehement setzte er sich für den Schutz des Amazonasgebiets und die Rechte der indigenen Bevölkerung sowie der aus Afrika stammenden Ecuadorianer ein.[279] Die päpstlichen Reden auf der gesamten Reise waren durch Zitate aus und Hinweise auf „Laudato si" durchsetzt und machten den politisch Verantwortlichen zudem deutlich, welche Verantwortung sie auch in den anstehenden Verhandlungsrunden auf der Pariser UN-Weltklimakonferenz und welche Positionen sie aus Sicht der Soziallehre der

Kirche dort zu vertreten haben würden. Eine klare Standortbestimmung des Papstes!

Unmittelbar vor der Pariser Konferenz begab sich Papst Franziskus vom 25. – 30. November 2015 auf eine Apostolische Reise nach Kenia, Uganda und in die Zentralafrikanische Republik.

Am 26. November besuchte der Papst das Büro der Vereinten Nationen in Nairobi, u. a. Sitz des Umwelt- und Siedlungsprogramms der UN. Er hielt eine Rede, die zahlreiche Zitate und Verweise auf „Laudato si" enthält und als eine Kurzfassung der zentralen Punkte der Enzyklika zu werten ist.

So rekurrierte der Papst auf den dringend notwendigen Schutz der Umwelt, betonte die besondere Verantwortung und Rolle internationaler Organisationen und Vereinigungen der Zivilgesellschaft bzw. sozialer Bewegungen für einen gerechten ökologischen und sozialen Umbau, erinnerte die Regierungen daran, die Umwelt und die natürlichen Ressourcen ihres Landes zu bewahren, um gleichzeitig die besondere Bedeutung der Zusammenkunft in Paris anzumahnen: „In wenigen Tagen wird in Paris ein wichtiges Treffen über den Klimawandel beginnen, wo die internationale Gemeinschaft als solche sich erneut mit dieser Problematik auseinandersetzen wird. Es wäre traurig – und ich wage zu sagen: sogar katastrophal –, wenn die Partikularinteressen über das Gemeinwohl siegen und dazu führen würden, die Information zu manipulieren, um die eigenen Planungen zu schützen."[280] Erneut stellte der Papst das Klima – wie in „Laudato si" – als ein „gemeinschaftliches Gut von allen und für alle" heraus, forderte die Einlösung der Grundrechte der Ausgeschlossenen, eine energetisch-nachhaltige Umstellung und Korrektur des bisherigen Entwicklungsmodells, um dann wiederum auf die anstehende Weltklimakonferenz zu sprechen zu kommen, die in diese Richtungen ein deutliches Zeichen setzen müsse: „Darum hoffe ich, dass die COP21 zum Abschluss einer globalen und ‚verwandelnden' Vereinbarung gelangt, die auf den Grundsätzen von Solidarität, Gerechtigkeit, Fairness und Beteiligung basiert und auf die Verfolgung dreier Ziele ausgerichtet ist, die zugleich vielschichtig und interdependent sind: Linderung der Auswirkung des Klimawandels, Kampf gegen die Armut und Achtung der Menschenwürde."

Er lobte die Kräfte, die bereits in diese Richtung einer besseren Welt arbeiten, und stellte –in Parallelität zu „Laudato si" – die notwendigen Voraussetzungen für einen Kurswechsel heraus: „Der Kurswechsel, den wir brauchen, kann nicht verwirklicht werden ohne einen wesentlichen Einsatz für die Erziehung und die Ausbildung. Nichts wird möglich sein, wenn die politischen und technischen Lösungen nicht mit einem Erziehungsprozess einhergehen, der neue Lebensstile fördert. Einen neuen kulturellen Stil. Das verlangt eine Erziehung, die darauf ausgerichtet ist, Kindern, Frauen und Männern, Jugendlichen und Erwachsenen eine Kultur der Achtsamkeit nahezubringen – Achtsamkeit gegenüber sich selbst, gegenüber dem anderen, gegenüber der Umwelt – anstelle der Kultur des Verfalls und des Wegwerfens, in der man sich selbst, den anderen und die Umwelt ‚wegwirft'." Der Papst weiter: „Es sind viele Leben, viele Geschichten, viele Träume, die in unserer gegenwärtigen Zeit Schiffbruch erleiden. Davor dürfen wir nicht gleichgültig bleiben. Wir haben kein Recht dazu."

Konkret wurde Papst Franziskus hinsichtlich der Ausbeutung in Afrika, einem Kontinent der Schönheit und der Unterdrückung, auf dem natürlicher Reichtum und Leid eng beieinander liegen, einem Kontinent der zwei Gesichter. Er prangerte den illegalen Handel an: „Im Kontext der Wirtschaftsbeziehungen zwischen den Staaten und den Völkern darf man nicht unterlassen, von Formen illegalen Handels zu sprechen, die in einem Milieu der Armut zunehmen und ihrerseits die Armut und die Ausschließung nähren. Der illegale Handel von Diamanten und Edelsteinen, von seltenen oder strategisch sehr wertvollen Metallen, von Hölzern und biologischem Material und von tierischen Produkten – wie im Fall des Elfenbeinhandels und des damit verbundenen Abschlachtens von Elefanten – fördert die politische Instabilität, das organisierte Verbrechen und den Terrorismus. Diese Situation ist auch ein Schrei der Menschen und der Erde, der von der internationalen Gesellschaft gehört werden muss."

Dieser „Schrei der Menschen und der Erde" soll bis Paris dringen. Die Sorge um das gemeinsame Haus ist eine Verpflichtung für alle.

Am nächsten Tag besuchte Franziskus das Armenviertel Kangemi, wo er in seiner Ansprache die „Weisheit der Armenviertel" zu seinem zentralen Thema machte. Er lobte die Werte der Armen, ihr solidarisches Leben und das Teilen: „Ich möchte diese Werte, die ihr praktiziert, an erster Stelle fordern – Werte, die nicht an der Börse gehandelt werden, Werte, mit denen nicht spekuliert wird und die keinen Marktwert besitzen. Ich beglückwünsche euch, ich begleite euch und möchte, dass ihr wisst, dass der Herr euch nie vergisst. Der Weg Jesu begann in den Randgebieten, er geht aus von den Armen und geht mit den Armen zu allen."[281] Er erinnerte an die in „Laudato si" erhobene Forderung nach einem Zugang zu sicherem Trinkwasser als einem grundlegenden, fundamentalen und allgemeinen Menschenrecht aller, er wiederholte, dass die „ökologische Schuld" gegenüber den Armen durch eine menschengerechte Urbanisierung und Infrastruktur in den Elendsvierteln eingelöst werden müsse: „Wir brauchen Städte, die integriert und für alle da sind. Wir müssen die bloße Proklamation von Rechten, die in der Praxis nicht respektiert werden, überwinden, systematische Aktionen konkretisieren, welche den Lebensraum des Volkes verbessern, und neue wertvolle Siedlungen planen, um die kommenden Generationen zu beherbergen. Die soziale Schuld, die Umwelt-Schuld gegenüber den Armen der Städte bezahlt man, indem man das unantastbare Recht auf die „drei T" (tierra, techo y trabajo – Land, Wohnung und Arbeit) verwirklicht. Das ist keine Philanthropie, es ist eine Verpflichtung aller."

Der Ruf zu dieser Verpflichtung gilt auch den anstehenden Verhandlungen in Paris. Mit seiner Reise nach Afrika unterstrich Papst erneut seinen Titel als „Klimapapst."

Neben Papst Franziskus selbst war es vor allem Kardinal Peter Turkson, der zu einem führenden Repräsentanten päpstlicher Positionierung in der Weltöffentlichkeit wurde. Seine Botschaft war eingängig und lautete: Der Klimawandel gefährdet die Grundlagen menschlichen Lebens auf der Erde und jeder muss dagegen handeln, wobei den politisch Verantwortlichen eine besonders gewichtige Rolle zukommt – so der Kardinal etwa unmittelbar im Vorfeld der Weltklimakonferenz in einem Appell an die deutsche Öffentlichkeit in einer führenden deutschen Wochenzeitung.[282]

In den nationalen Bischofskonferenzen wurde das Thema ebenfalls auf die Tagesordnung gesetzt, um Druck auf die Politik auszuüben. So forderten die österreichischen Bischöfe die Politiker ihres Landes etwa auf, in Paris klar Stellung zu beziehen und sich konkret für eine Begrenzung der Erderwärmung auf 1,5 Grad einzusetzen.

Zudem müssten auf internationaler Ebene die finanziellen Mittel für die Bewältigung des Klimawandels erhöht und ein ambitioniertes Klimaschutzproramm in Österreich selbst auf den Weg gebracht werden. Die Kirche selbst wolle mit gutem Beispiel vorangehen und kündigte diözesane Maßnahmen für Nachhaltigkeit, Klimaschutz und nachhaltige Energieumstellung an. Zudem werde die Kirche für ihre Einrichtungen eine ökologische und soziale „Beschaffungsordnung" erlassen, die die Nachhaltigkeit und den Klimaschutz fördere sowie u.a. die Produktionsbedingungen von Produkten auf den Prüfstand stellen werde. Nachhaltig und fair soll die Zukunft der Kirche in Österreich ausgerichtet werden.[283]

Auch in Deutschland setzten sich mehrere Bischöfe öffentlich für einen verbindlichen Abschluss zum Klimaschutz und mehr Gerechtigkeit ein. Der Berliner Erzbischof Heiner Koch warb im Rahmen des „Ökumenischen Pilgerweges für Klimagerechtigkeit" für „Laudato si" als einen „Weckruf für die Menschheit"[284] ebenso wie führende Vertreter katholischer und evangelischer Hilfswerke und Sozialverbände in Deutschland.[285]

126 Die Europäische Bischofskonferenz (COMECE) veröffentlichte unmittelbar im Vorfeld des Weltklimagipfels einen Bericht an die Bischöfe der COMECE zum Klimaschutz mit dem Titel „Die Zeit zur Umkehr ist gekommen..."[286] Der von einer „Ad-hoc-Expertengruppe" erarbeitete Bericht wendet sich ebenfalls „Richtung Paris".[287] Als zentrales Problem für die Verhandlungen stellt dieser – aufbauend auf die historischen Erfahrungen bisheriger Weltklimakonferenzen – zutreffend heraus: „Die wahrscheinlich größte Hürde ist der große Graben zwischen den reichen und den armen Nationen und die besondere Position, die die Schwellenländer hier einnehmen. Von seiner Überwindung hängt es ab, ob in vielen noch offen stehenden Fragen eine Einigung erzielt werden kann (...)."[288] Inhaltich rekurriert die Expertengruppe mehrfach bei ihrer Analyse auf die zentralen Aussagen der Enzyklika „Laudato si". Auch bei den praktischen Schritten, die aufgelistet und aufgeführt werden, ist das Schreiben des Papstes die zentrale Grundlage. Zudem nimmt das Papier der COMECE die Verhandlungspunkte auf, die dann wenige Tage später in den Pariser Verhandlungen einen hohen Stellenwert einnehmen werden.

Aber auch der kuriale Apparat selbst wurde in einer historisch bisher unvergleichlichen Intensität im Vorfeld einer politischen Konferenz für die Zielsetzungen eingespannt. Eindeutig ging dies über die Beobachterrolle hinaus, die der Vatikan sonst bei vergleichbaren internationalen Konferenzen eingenommen hat.

So richtete der Päpstliche Rat für Gerechtigkeit und Frieden einen eindringlichen Appell von Bischöfen aller Kontinente an die Pariser Verhandlungspartner. „So etwas hatte es zuvor noch nie gegeben. Der Appell wurde Ende Oktober im Vatikan von den Vorsitzenden der kontinentalen Zusammenschlüsse der nationalen Bischofskonferenzen vorgestellt. Die Bischöfe fordern darin unter anderem einen Ausstieg aus fossilen Energieträgern bis zum Jahr 2050."[289] Zentrale Textpassagen und die Grundaussagen von „Laudato si" spielten auch hier auf allen Ebenen eine entscheidende Rolle.

Die Sozialenzyklika war die strategische und geistige Grundlage einer öffentlichkeitswirksamen politischen Kampagne und „konzertierten Aktion" großer Teile der Weltkirche, die einen Meilenstein in der Konkretisierung päpstlicher Lehrschreiben in einen unmittelbaren politischen Kontext und eine anstehende politische Auseinandersetzung hinein darstellen. Die Parallelitäten sind auf jeden Fall verblüffend. Papst Franziskus machte mit seiner Enzyklika konkrete Politik!

Aber nicht nur die politisch Verantwortlichen wurden in die Pflicht genommen. Der Vatikan setzte auf der Grundlage von „Laudato si" auf eine gezielte Beeinflussung der Öffentlichkeit, die insbesondere die Folgen des Klimawandels sichtbar machen sollte. Dabei griff der Papst auch auf bisher für den Vatikan völlig ungewöhnliche Methoden zurück. Während der UN-Klimakonferenz ließ der Papst den Petersdom unter dem Motto „Fiat Lux" (Es werde Licht) am 08. Dezember 2015 zu einem Mahnmal für den Klimawandel werden. Inspirator für die Kunstinstallation waren die Themen der Enzyklika „Laudato si".[290] Motive weltbekannter Fotografen zum Thema Klimawandel, Menschheit und Natur wurden auf die Fassade und die Kuppel des Petersdoms projiziert. Die Botschaft war klar: Rettet die Erde! Rettet die Menschheit! Die aufwendige Inszenierung fiel abgestimmt mit dem Abschluss der feierlichen Eröffnung des „Heiligen Jahres der Barmherzigkeit" zusammen. Demonstrativ traf sich Papst Franziskus zudem mit seinem emeritierten päpstlichen Vorgänger, Benedikt XVI., der die „grüne Wende" im Vatikanstaat u.a. durch die Umstellung der Stromerzeugung auf Solarstrom, vorangetrieben hatte und ausnahmsweise seinen Altersruhesitz verließ.

Vor der versammelten Weltpresse war der Appell des Papstes unmissverständlich: Lasst Paris nicht scheitern!

Schon im Angelus-Gebet am Sonntag richtete zuvor der Papst einen eindringlichen Appell an die Verhandlungspartner in Paris: „Zum Wohle des gemeinsamen Hauses, von uns allen und der künftigen Generationen sollte in Paris jede erdenkliche Anstrengung unternommen werden, um die Auswirkungen des Klimawandels zu mildern und gleichzeitig die Armut zu bekämpfen und die Menschenwürde blühen zu lassen." Jede erdenkliche Anstrengung...

Damit war auch die Linie eindeutig vorgegeben, der die offizielle Delegation des Vatikans unter Leitung von Kardinalstaatssekretär Pietro Parolin in Paris folgte.

Die „Nummer zwei" des Vatikans hielt beim „Leaders' Event" auf der UN-Klimakonferenz in Paris am 30. November 2015 eine Rede, in der er u. a. zwei Punkte herausstellte, die aus Sicht der Delegation virulent für das Gelingen der Verhandlungen sind. Diese fassen die zentralen Aussagen von „Laudato si" zusammen. Es geht – erstens – um eine klare ethische Grundhaltung, die die universellen und generationsübergreifenden Auswirkungen des Klimawandels auf die Ärmsten der Armen sieht und die Solidarität aller in den Mittelpunkt rückt: „Wir wissen sehr wohl: Die von den Folgen des Klimawandels am meisten verwundbaren Personen sind die Ärmsten der Armen sowie die zukünftigen Generationen, die die gravierendsten Konsequenzen zu tragen haben, häufig ohne dafür verantwortlich zu sein. Zudem kennt dieses Phänomen keine Grenzen, politischen oder sozialen Barrieren, die eine Isolierung erlauben würden. Dies muss unser Bewusstsein dafür schärfen, dass wir eine einzige Menschheitsfamilie sind und dass für die sogenannte ‚Globalisierung der Gleichgültigkeit' kein Platz ist. Angesichts der Dringlichkeit einer Situation, die größtmögliche Zusammenarbeit erfordert, um sich auf einen gemeinsamen Plan zu einigen, ist es wichtig, dass diese Vereinbarung zum einen auf der Anerkennung des ethischen Imperativs, im Kontext der globalen Solidarität zu handeln, basiert und zum anderen auf der gemeinsamen, aber differenzierten Verantwortung jedes einzelnen, entsprechend der jeweiligen Fähigkeiten und Situationen."[291]

Zweitens geht es um klare Ziele, die das Handeln aller Verantwortlichen lenken sollen. Im Klartext: Verbindliche Absprachen müssen her, bei denen alle ihrer Verantwortung nachkommen. Als „konkretes Programm" listet Parolin Punkte auf, die ihre Entsprechung unmittelbar in der Enzyklika „Laudato si" haben und vor allem die reichen Länder in die Pflicht nehmen sollen: „In dieser Hinsicht haben die besser mit Ressourcen und Kapazitäten ausgestatteten Länder mit gutem Beispiel voranzugehen, indem sie den bedürftigeren Ländern Ressourcen beisteuern, um eine Politik und Programme nachhaltiger Entwicklung zu fördern. Ich denke zum Beispiel an die Förderung der erneuerbaren Energien und die Dematerialisation wie auch an die Verbesserung der Energieeffizienz oder an angemessene Verwaltungssysteme der Wälder, des Transports, des Abfalls; an die Entwicklung eines auf Kreislauf ausgerichteten Produktionsmodells; an die Verwirklichung geeigneter, nachhaltiger und diversifizierter Programme der Nahrungssicherheit und des Kampfes gegen Nahrungsmittelverschwendung; an Strategien gegen Spekulationen und gegen unwirksame, zuweilen ungerechte Subventionen; an die Entwicklung geeigneter Technik und ihren Transfer. Das sind alles Aspekte, deren wirksame Umsetzung von der neuen Vereinbarung inspiriert werden müsste." „Laudato si" in Reinform!

Wie immer man die Ergebnisse der Pariser Weltklimakonferenz und den bisher erreichten Stand auch bewerten mag,[292] eines dürfte durch die bisherigen Ausführungen deutlich werden: Zwei aufgebotene Päpste, Politikerinnen und Politiker, die im Vorfeld und während der Pariser Konferenz „ins Gebet" genommen werden, öffentliche Aktionen, medienwirksam gewählt im Zusammenhang mit der Eröffnung des Heiligen Jahres 2016 der Barmherzigkeit, römische Diplomatie auf allen Ebenen, Papstreisen und immer wieder die Botschaft von „Laudato si" – niemals zuvor war eine Sozialenzyklika in dieser Form eine Botschaft, mit der seitens der römischen Kurie und weiter Teile der Weltkirche eine solche konkrete und zielgerichtete Politik als „konzertierte Aktion" gemacht wurde. Wie heißt es in „Laudato si": „Wir brauchen (...) eine Vereinbarung über die Regelungen der Ordnungs- und Strukturpolitik für den gesamten Bereich des sogenannten ‚globalen Gemeinwohls'."[293]

Im April 2016 unterzeichneten 175 Staaten den Vertragstext von Paris. Das Abkommen sollte in Kraft treten, wenn 55 Staaten, die zudem mindestens 55 % der Emissionen verursachen, es ratifizieren. Am 05. Oktober 2016 war diese Quote bereits erreicht und das Abkommen konnte deutlich früher als geplant bereits am 04. November 2016 als ratifiziert gelten. Fast alle der 197 der Weltklimakonferenz angehörenden Nationen haben den Vertrag unterzeichnet. Die Staaten, die eine große „ökologische Schuld" tragen, sind dabei und gehen damit die vereinbarten Verpflichtungen ein. Das Abkommen war somit ein wichtiger Schritt für eine weltweite „Ordnungs- und Strukturpolitik", wie immer man auch einzelne Teile des Abkommens beurteilen mag. Dem Kyoto-Protokoll von 1997 war der Vatikan nicht beigetreten. Noch während der Verhandlungen in Paris erklärte der „Heilige Stuhl" als 196. Staat der UN-Klimakonvention beitreten zu wollen und leitete die notwendigen Formalitäten in die Wege. Papst Franziskus hatte mit Nachdruck auf diesen überfälligen Schritt gedrängt.

Zur Konkretisierung des Pariser Klimavertrags diente dann die 22. UN-Klimakonferenz vom 7. - 18. November 2016 in Marrakesch, Marokko. Im Vorfeld der Zusammenkunft richtete Papst Franziskus - wie nicht anders zu erwarten - einen Appell an die Konferenzteilnehmer*innen. Auf der Grundlage von „Laudato si" erinnerte er an die bahnbrechenden Entscheidungen in Paris, die nun im Interesse der Ärmsten und kommender Generationen konkretisiert werden müssten. Erneut forderte der Papst die Nationen zu mutigen Schritten zur Rettung des Weltklimas und zu konkreten Zusagen auf. „Das rasche Inkrafttreten des Klima-Abkommens (von Paris) stärkt unsere Überzeugung, dass wir unsere Intelligenz und Technologie in den Dienst einer anderen Art Fortschritt stellen müssen, der gesünder, menschlicher, sozialer und integraler ist." - so Papst Franziskus in seiner Botschaft an die Delegationen des Klimagipfels. In Marrakesch kündigten 45 Staaten an, bis zur Jahrhundertmitte auf Kohle, Öl und Gas völlig verzichten zu wollen. Erstaunlich war für viele Teilnehmenden das Verhalten der argentinischen Delegation, die nach ihrem eher zögerlichen Verhalten auf der Pariser Konferenz in Marrakesch versprach, sich offensiver als bisher an den Umsetzungen der Ziele zu beteiligen. Wie zu erfahren war, habe sie sich dabei von Papst Franziskus „inspirieren lassen." [294] Habemus papam!

Anhang

„Solutions“ | Collage | 2016

Anmerkungen

1 Crary 2014, 46.

2 Vgl. z.B. Akademie 2012; Boltanski 2006; Bruhn 2012; Fleischmann 2010; Harvey 2015; Hengsbach 2015; Klein 2015; Piketty 2014; Simon 2014; Sutter 2011; Vogt 2010/2011; Mason 2016.

3 Vgl. Schellnhuber 2015.

4 Papstpredigt von Papst Franziskus auf Lampedusa: „Wo ist dein Bruder?" (download unter: http://de.radiovaticana.va/storico/2013/07/08/ papstpredigt_auf_lampedusa_%E2%80%9Ewo_ist_dein_bruder%E2 %80%9C/ted-708497; 11.09.2015).

5 Evangelii gaudium 2013, Ziff. 53.

6 Sassen 2015, 260.

7 Evangelii gaudium 2013, Ziff. 54.

8 Ebenda, Ziff. 55.

9 Ebenda, Ziff. 60.

10 Vgl. http://de.radiovaticana.va/news/2015/05/11/papst_an_kleine_friedensarbeiter_frieden_ist_handwerk/1143244; 11.09.2015)

11 Das Menschliche 2015.

12 So z.B. Schäfer 2013.

13 Grözinger 2013.

14 Vgl. Grabka 2016.

15 Vgl. Stiglitz 2012; Wehler 2013; Schneider 2015.

16 Vgl. Hartmann 2002.

17 Vgl. Hartmann 2007.

18 Vgl. Berger 2014; Frick 2010; Mittelbach 2013.

19 Vgl. z.B. Castel 2009.

20 Grözinger 2013.

21 Beise 2013.

22 Lehmann 2013.

23 Evangelii gaudium 2013, Ziff. 203.

24 Ebenda, Ziff. 199.

25 Vgl. Alt 2014.

26 Vgl. dazu die verschiedenen Beiträge in: Fendel 2014; Laubach 2014.

27 Thomas Laubach, Mehr als Simulation. Papst Franziskus' Rede von der armen Kirche, in: Laubach 2014, 44.

28 Mankell 2015, 308.

29 Klein 2015, 339.

30 Vgl. Rifkin 2010.

31 Laudato si 2015, Ziff. 223.

32 Vgl. KAB 2007, Quadragesimo anno Ziff. 101ff.

33 Ebenda, Ziff. 105.

34 In der Diskussion zu „Ladauto si" ist viel darüber diskutiert und spekuliert worden, warum Papst Franziskus den Begriff „Kapitalismus" oder „kapitalistische Wirtschaftsweise" weder in „Evangelii gaudium" noch in „Laudato si" verwendet, obwohl er sich von der Sache her und inhaltlich durchaus auf die Tradition der päpstlichen Sozialenzykliken, insbesondere „Quadragesimo anno", hätte berufen bzw. auf diese ver-

weisen können. Zum einen werden taktische Gründe vermutet, aber auch inhaltliche Begründungen angeführt. So führen Bernhard Emunds und Matthias Möhring-Hesse in ihrem sozialethischen Kommentar zu „Laudato si" im Rückblick auf „Evangelii gaudium" zutreffend aus, dass Papst Franziskus strukturell argumentiere, allerdings deute „Evangelii gaudium" „die strukturellen Haken und Ösen nicht als Fehler des Kapitalismus; es (Evangelii gaudium; M.S.) führt sie nicht auf solche Eigenschaften des Wirtschaftssystems zurück, die für kapitalistische Wirtschaften kennzeichnend wären. (...) Insofern scheint Papst Franziskus nicht nur auf den Begriff ‚Kapitalismus' zu verzichten; vielmehr gibt es auch wenig Anhaltspunkte dafür, dass ihn die Sache als solche interessiert" (Papst Franziskus, 2015, 272). Bedenkenswert scheint mir in diesem Zusammenhang zudem zu sein, dass Papst Franziskus die für die Phase des „kalten Krieges" in der Soziallehre der Päpste „traditionelle" Gegenüberstellung, Entgegensetzung und den Versuch einer theoretischen Differenzierung von Kapitalismus und Sozialismus grundsätzlich ad acta legt und sie offensichtlich einer vergangenen Phase der Geschichte der Soziallehre zuordnet, aus der für heutige Strukturanalysen und Kritiken nur wenig gewonnen werden kann. Die strukturelle Argumentation des Papstes verdichtet sich nicht mehr zu einer theoretischen Systemkritik am Kapitalismus, die noch Papst Johannes Paul II. (zu kontextualisieren) versucht hatte. Systemische Gegenüberstellungen haben mit dem geschichtlichen Wandel nach 1989 /1990 für Papst Franziskus offenbar ihre grundlegende Bedeutung verloren. Damit setzt er die Linie fort, die bereits Papst Benedikt XVI. eingeschlagen hatte. Papst Franziskus geht es nicht mehr um eine abstrakte „Systemkritik", sondern um eine „Strukturkritik", die sich in erster Linie an den negativen Auswirkungen und Folgen sozialen, wirtschaftlichen und politischen Handelns festmacht. Dass diese Vorgehensweise dann zu „blinden Flecken" führt, zeigt sich u.a. – wie Emunds und Möhring-Hesse zutreffend bemerken – darin, dass etwa die „Machtasymmetrie zwischen Arbeitgebern und Arbeitnehmern" nicht mehr zur Sprache kommt bzw. strukturell analysiert wird. Die klassische Systemkritik der Päpste an der „kapitalistischen Wirtschaftsweise" wird dennoch – verkürzt – inhaltlich weiterverfolgt, indem die zentralen Eckpfeiler der Kapitalismuskritik auch in „Laudato si" angeführt werden: ungleiche Machtverhältnisse und deren Auswirkungen, Fehlallokationen (zulasten der Armen und Benachteiligten), normative Ausrichtung wirtschaftlicher Entscheidungen und Prozesse an Profitinteressen (statt am Gemeinwohl), politische Ungleichgewichte, Domestizierung durch Geld etc. Insgesamt zeigt sich hierbei die von Papst Franziskus generell favorisierte deskriptive Vorgehensweise, auf die entsprechende Argumentationslinien „aufgesetzt" werden, was eben auch Nachteile insofern mit sich bringt, als dass lange Zeit für die päpstliche Soziallehre klassische Themen (etwa Arbeit und Kapital) in den Hintergrund treten. Papst Franziskus setzt damit eine Tendenz fort, die sich bereits seit längerem abzeichnen (vgl. Schäfers 1998, 565-570). Auf das Wort „Kapitalismus" bzw. Ausführungen zur

„kapitalistischen Wirtschaftsweise" glaubt Papst Franziskus explizit verzichten zu können, denn der „Sache nach" sieht er sie offensichtlich in seiner Kritik „aufgenommen". Unter dieser Einschränkung und unter Berücksichtigung der Kontinuität päpstlicher Wirtschaftskritik kann m.E. von der „Kapitalismuskritik" durch Papst Franziskus gesprochen werden, wie dies in vielen Kommentaren zu „Laudato si" der Fall ist. Dabei liegt ihm offensichtlich die Kritik am „Finanzkapitalismus" besonders am Herzen.

35 Vgl. Laudato si 2015, Ziff. 25.

36 Ebenda, Ziff. 25.

37 Ebenda, Ziff. 20.

38 Ebenda, Ziff. 26.

39 Ebenda, Ziff. 110.

40 Vgl. ebenda, Ziff. 109.

41 Vgl. ebenda, Ziff. 102; vgl. Edenhofer 2015a, 587.

42 Zum Thema Wasser in „Laudato si" vgl. ausführlich: Hartmann-Schäfers 2015; MISEREOR 2016.

43 Laudato si 2015, Ziff. 30.

44 Vgl. ebenda, Ziff. 31.

45 Vgl. ebenda, Ziff. 32.

46 Ebenda, Ziff. 34.

47 Ebenda, Ziff. 33.

48 Ebenda, Ziff. 46.

49 Ebenda, Ziff. 49.

50 Ebenda, Ziff. 51.

51 Ebenda, Ziff. 52.

52 Vgl. Ebenda, Ziff. 56.

53 Ebenda, Ziff. 57.

54 Vgl. ebenda, Ziff. 6.

55 Vgl. ebenda, Ziff. 109.

56 Vgl. ebenda, Ziff. 4.

57 Vgl. ebenda insb. Ziff. 106, 109, 141.

58 Kruip 2015b, 17, weist darauf hin, dass der Begriff „Rezession" in der deutschen Übersetzung korrigiert werden muss: „Im Spanischen steht hier ‚decrecimiento', das besser mit ‚Abnahme' oder ‚Rückgang' zu übersetzen wäre. Eine wirtschaftliche Rezession wird im Spanischen mit ‚recesión' wiedergegeben. Der Begriff ‚decrecimiento' hat nichts mit einem Rückgang des Bruttoinlandsprodukts zu tun."

59 Vgl. Zinn 2015.

60 Ebenda, 9.

61 Laudato si 2015, Ziff. 193.

62 Vgl. Möhring-Hesse 2015b.

63 Laudato si 2015, Ziff. 213.

64 Vgl. Sen 2000; Sen 2010.

65 Vgl. Laudato si 2015, Ziff. 51,

66 Ebenda, Ziff. 56.

67 Vgl. ebenda, insb. Ziff. 55, 203, 215.

68 Vgl. ebenda, Ziff. 109.

69 Ebenda, Ziff. 190

70 Vgl. ebenda, Ziff. 180.

71 Vgl. Kruip 2015a, 16.

72 Laudato si 2015, Ziff. 190.

73 Vgl. ebenda, Ziff. 225.

74 Ebenda, Ziff. 125.

75 Ebenda, Ziff. 240.

76 Ebenda, Ziff. 75.

77 Vgl. Boff 2010.

78 Vgl., Laudato si 2015, Ziff. 105.

79 Ebenda, Ziff. 222/223.

80 Vgl. Fromm 2005.

81 Vgl. Laudato si 2015, Ziff. 208. Die Anklänge dieser Ausführungen an die Befreiungstheologie Leonardo Boffs sind überdeutlich: vgl. Boff 2012; Boff 2013.

82 Welzer 2016, 271.

83 Gruen 2015, 82.

84 Vgl. Schäfers 1991.

85 KAB 2007, Quadragesimo anno Ziff. 79.

86 Vgl. Emunds 2015, 17.

87 Vgl. KAB 2007, Quadragesimo anno Ziff. 117.

88 Vgl. ebenda, Pacem in terris Ziff. 21-25.

89 Vgl. ebenda, Laborem exercens Kap. 2.8.

90 Ebenda, Laborem exercens Kap. 2.8.

91 Die fachwissenschaftliche Beratung organisierte die „Päpstliche Akademie der Wissenschaft" gemeinsam mit dem „Substainable Development Solutions Network" der Vereinten Nationen (UNSDSN) und „Religions for Peace" am 28. April 2015, also nach der Konsultation mit den „Armenbewegungen". Die Eröffnungsrede hielt der UN-Generalsekretär Ban Ki-moon. Weitere Reden hielten der Nobelpreisträger Paul Crutzen, Yuan Tseh Lee, Veerabhadran Ramanathan (Scripps Institut für Ozeanografie an der Universität von Kalifornien / San Diego), der Ökonom Jeffrey Sachs (New Yorks Columbia Universität) und Hans Joachim Schellnhuber (Direktor des Potsdam-Instituts für Klimafolgenforschung). Hauptziel des Treffens im Vatikan war es, eine weltweite Bewegung gegen den Klimawandel und für eine nachhaltige Entwicklung anzustoßen. In der Abschlusserklärung heißt es u.a.: „Der vom Menschen ausgelöste Klimawandel ist eine wissenschaftliche Realität, und es ist ein moralisches und religiöses Gebot, ihn entschlossen zu begrenzen. (...) Die Welt hat die Möglichkeit - technologisch, finanziell, vom Wissen her - den Klimawandel zu bremsen und zugleich der Armut ein Ende zu setzen (...). Die Welt sollte erkennen, dass der Klimagipfel in Paris später im Jahr (COP21) die letzte Gelegenheit sein könnte, effektive Regelungen zu verhandeln, um die vom Menschen ausgelöste Erwärmung unter zwei Grad Celsius zu halten. Gegenwärtig befinden wir uns auf dem Pfad zu einer verheerenden Erwärmung um vier Grad Celsius, oder mehr." Zitat entnommen https://www.pik-potsdam.de/aktuelles/nachrichten/ein-gebot-der-moral-schellnhuber-spricht-im-vatikan-bei-klimakonferenz; 02.08.2016).

92 Publik Forum Dossier 2014, 2.

93 Vgl. hierzu auch die Kritik an den großen NGOs in: Hartmann 2015, 152ff.

94 Vgl. Habermas 1985.

95 Alle Zitate entnommen: http://www.itpol.de/?p=149; 15.10.2015; vgl. auch PuFo Dossier 2014.

96 Vgl. Houtart 1973.

97 Laudato si 2015, Ziff. 129.

98 Der Weltagrarbericht 2003 formulierte als neues Paradigma der Landwirtschaft des 21. Jahrhunderts kleinbäuerliche Strukturen, insbesondere in Asien, Afrika und Lateinamerika. Die kleinteiligen Strukturen wurden bei aller Kritik und Reformansprüchen als die beste Zukunftsmöglichkeit zur sozialen, wirtschaftlichen und ökologisch-nachhaltigen Versorgung mit Lebensmittel favorisiert. Deshalb forderte der Bericht auch die effektive Förderung von Kleinbauern und verwies dabei u.a. auf die besondere Stellung und Notwendigkeit zur Förderung der Frauen hin, die die örtliche Versorgung und die kleinbäuerlichen Strukturen in erster Linie aufrechterhalten. Auch an anderen Stellen der Enzyklika stehen die Ergebnisse und Forderungen des Weltagrarberichtes 2003 im Hintergrund. Der Bericht wurde von den Vereinten Nationen und der Weltbank in Auftrag gegeben und 2008 in Johannesburg von 58 Regierungen unterzeichnet. Deutschland gehört bis heute nicht zu den unterzeichnenden Staaten. Ausführliche Informationen, Hintergründe und der Bericht finden sich unter http://www.weltagrarbericht.de/; 03.10.2015).

99 Vgl. Laudato si 2015., Ziff. 54.

100 Vgl. ebenda, Ziff. 189.

101 Ebenda, Ziff. 183.

102 Vgl. z. B. Meyer 2005; 2009; Held 2007.

103 Laudato si 2015, Ziff. 183.

104 Vgl. Nell-Breuning 1958, 31-36; Möhring-Hesse 2015a.

105 Laudato si 2015, Ziff. 177.

106 Ebenda, Ziff. 144.

107 Ebenda, Ziff.118.

108 Eine kritische Auseinandersetzung des Verständnisses der Enzyklika „Laudato si" mit unterschiedlichen Vorstellungen von „global Governance" scheint mir dringend geboten, da die päpstlichen Aussagen immer wieder unkritisch im Kontext eines unscharfen Verständnisses von „Governance" verortet werden. So heißt es zum Beispiel im Kontext der Stellungnahme einer Expertengruppe der Kommission für gesellschaftliche und soziale Fragen der Deutschen Bischofskonferenz im Vorwort: „Der Abschluss einer Transatlantischen Handels- und Investitionspartnerschaft verlangt auf beiden Seiten des Atlantiks hohe Verhandlungsbereitschaft und eine mühsame regulatorische Arbeit. Wenn dies gelingt, könnte von einem solchen Abkommen ein wichtiger Impuls für eine globale Ordnungs- und Strukturpolitik ausgehen. Eine solche Global Governance hat Papst Franziskus jüngst auch in der Enzyklika ‚Laudato si' eingefordert" (Sekretariat der Deutschen Bischofskonferenz 2015, 8).

109 Vgl. Hartmann 2015, 89-198.

110 Brown 2015, 148.

111 Ebenda, 149.

112 Ebenda, 151.

113 Laudato si 2015, Ziff. 156.

114 Vgl. ebenda, Ziff. 177.

115 Ebenda, Ziff. 196.

116 Ebenda, Ziff. 197.

117 Vgl. auch ebenda, Ziff. 142.

118 Ebenda, Ziff. 175.

119 Ronzheimer 2016.

120 Vgl. ebenda.

121 Ebenda, 40.

122 Vgl. Davis 2007.

123 Vgl. Glasze 2001.

124 Vgl. Glasze 2012.

125 Saunders 2011, 7.

126 Vgl. Politi 2015, 9-21.

127 Vgl. Evangelii gaudium 2013; Ziff. 71-75.

128 Ebenda, Ziff. 71.

129 Ebenda, Ziff. 73.

130 Ebenda, Ziff. 74.

131 Ebenda.

132 Vgl. ebenda, Ziff. 75.

133 Vgl. ebenda, Ziff. 211.

134 Ebenda, Ziff. 75.

135 Ebenda, Ziff. 75

136 Laudato si 2015; Ziff. 24.

137 Vgl. ebenda, Ziff. 28.

138 Ebenda, Ziff. 134.

139 Ebenda, Ziff. 44.

140 Ebenda, Ziff. 45.

141 Ebenda, Ziff. 49.

142 Ebenda, Ziff. 149.

143 Ebenda.

144 Zahlreiche konkrete Beispiele dafür finden sich in Saunders 2011.

145 Laudato si 2015, Ziff. 143.

146 Ebenda.

147 Ebenda, Ziff. 147.

148 Vgl. Kapitel 3: „Laudato si“: Radikaler Ausdruck einer Sozialbewegung von unten.

149 Laudato si 2015, Ziff. 150.

150 Ebenda, Ziff. 232.

151 Vgl. ebenda, Ziff. 151.

152 Ebenda, Ziff. 151.

153 Ebenda, Ziff. 152.

154 Vgl. ebenda, Ziff. 153.

155 Ausdrücklich taucht z.B. der Hinweis bzw. die Forderung, die Energieeffizienz der Stadt zu verbessern, nur einmal in ebenda, Ziff. 192 auf.

156 Vgl. Endlicher 2012.

157 Solschenizyn 1970.

158 Vgl. ausführlich Schäfers 1998, 551-558.

159 Vgl. Laudato si 2015, Ziff. 93, 98, 124.

160 KAB 2007, Laborem Exercens, Ziff. 1.2.

161 Ebenda, Ziff. 3.2.

162 Vgl. ebenda, z.B. Ziff. 4.1, 5.1, 25.3.

163 Vgl. ebenda, Ziff. 5.1-5.6.

164 Vgl. ebenda, Ziff. 6.1.

165 Ebenda, Ziff. 6.2.

166 Vgl. ebenda, Ziff. 6.6.

167 Vgl. ebenda, Kap. 16, 17, 21, 23.

168 Vgl. ebenda Kap. 12, 13.

169 Vgl. ebenda, Kap. 14.

170 Ebenda, Ziff. 18.6.

171 Vgl. ebenda, Ziff. 26.1.

172 Laudato si 2015, Ziff. 98.

173 Vgl. Alt 1999.

174 Laudato si 2015, Ziff. 18.

175 Vgl. Hoz 2015, 11.

176 Laudato si 2015, Ziff. 18.

177 Vgl. Rosa 2013.

178 Vgl. Laudato si 2015, Ziff. 46.

179 Vgl. Schäfers 1998, 550-557.

180 Laudato si 2015, Ziff. 125.

181 Vgl. ebenda, Ziff. 127-128; vgl. auch grundlegend Segbers 2005.

182 Laudato si, Ziff. 134.

183 Vgl. ebenda, Ziff. 123.

184 Vgl. ebenda, Ziff. 122-123.

185 Ebenda, Ziff. 183; vgl. auch ebenda, Ziff. 141.

186 Vgl. ebenda, Ziff. 98.

187 Vgl. z.B. ebenda, Ziff. 38.

188 Vgl. Rieseberg 1998.

189 Vgl. Schor 2016.

190 Laudato si 2015, Ziff. 10.

191 Ebenda, Ziff. 63.

192 Rousseau 2008, 173.

193 Vgl. zum Folgenden Schäfers 1998, 179-195.

194 Zitiert nach ebenda, 194.

195 Laudato si 2015, Ziff. 67.

196 Ebenda, Ziff. 75; vgl. auch Ziff. 89.

197 Ebenda, Ziff. 93.

198 Ebenda, Ziff. 94.

199 Ebenda, Ziff. 95.

200 Vgl. Evangelii gaudium 2013; Ziff. 53.

201 Laudato si 2015, Ziff. 23.

202 Vgl. ebenda, Ziff. 180.

203 Edenhofer 2015a, 583.

204 Möhring-Hesse 2015b, 32.

205 Ebenda.

206 Laudato si 2015, Ziff. 171.

207 Vgl. Edenhofer 2015a, 585.

208 Zitiert nach Langer 2015.

209 Vgl. Kruip 2015, 14.

210 Vgl. http://religion.orf.at/stories/2715620/; 05.10.2015.

211 Vgl. http://www.boku.ac.at/news/news/?tx_news_pi1[news]=33007 &tx_news_pi1[controller]=News&tx_news_pi1[action]=detail&cHash=7ae6537223f2c7a314b9bb7bf66b4d73; 05.10.2015.

212 Vgl. http://www.kath.net/news/51022; 03.10.2015).

213 http://www.katholisches.info/2015/07/17/freier-markt-und-kapitalismuskritik-enzyklika-laudato-si-und-die-kapitalismusdebatte-in-der-katholischen-kirche/; 03.10.2015.

214 Vgl. http://www.wikiwand.com/en/Acton_Institute; zu den Spenden von ExxonMobil vgl. auch: http://www.motherjones.com/politics/2005/05/put-tiger-your-think-tank; 03.10.2015.

215 Vgl. Werner-Lobo 2014, 186ff.

216 Vgl. auch Coll 2012.

217 Vgl. z.B. Laudato si 2015; Ziff. 51.

218 Vgl. z.B. ebenda, Ziff. 155.

219 Vgl. http://edition.cnn.com/videos/world/2015/06/18/intv-amanpour-cardinal-peter-turkson-jeb-bush.cnn; 03.10.2015.

220 Vgl. Peppard 2015.

221 Vgl. Schäfers 2016.

222 Vgl. http://www.wikiwand.com/de/D%C3%BCrre_in_Kalifornien_seit_2011; 01.11.2015.

223 Alle Zitate entnommen: http://de.radiovaticana.va/news/2015/07/21/usa_gouverneur_von_kalifornien_jerry_brown_laudato_si/1159801; 01.11.2015.

224 Vgl. http://www.foxnews.com/world/2015/01/11/pope-says-concern-for-poor-is-gospel-not-communism/; 30.10.2015.

225 http://www.tagesspiegel.de/politik/umwelt-enzyklika-franziskus-der-papst-der-endzeit/11977622.html; 01.11.2015.

226 Vgl. ausführlich Datta 2013.

227 http://www.iwkoeln.de/infodienste/iw-nachrichten/beitrag/papst-enzyklika-nachhaltigkeit-und-wachstum-miteinander-vereinbaren-231347; 01.11.2015.

228 Vgl. Edenhofer 2015b.

229 Vgl. PuFo Dossier 2015, 3-4.

230 Vgl. http://kirchensite.de/index.php?id=news-aktuelles&tx_ttnews[tt_news]=17844&cHash=789c6950a2; 05.11.2015.

231 Vgl. z.B. Ott 2015; Ribbe 2015.

232 Hermann 2013.

233 Ebenda.

234 Vgl. Soto 1989.

235 Saunders 2011, 465.

236 Vgl. Soto 2002.

237 Saunders 2011, 469.

238 Soto 2015. Alle Zitate im Folgenden Ebenda.

239 So zitiert Soto 2015 als Auszug aus einer Rede des Papstes den Satz: „Die Globalisierung stärkt weltweit den Wohlstand, aber sie führt auch zu einer wachsenden Ungleichheit und zu neuen Formen der Armut." Leider führt de Soto keine Beleg-

stelle an. In welchem Kontext und in welcher Papstrede diese Aussage gefallen ist bzw. sein soll, bleibt damit nachfragewürdig. Eine Internetrecherche des Satzes ergibt lediglich den Hinweis auf den Beitrag von de Soto. Auch in seinen Reden hat der Papst den Begriff „Globalisierung“ nur selten in einen positiven Kontext gestellt. Vorrangig bleibt seine Betonung der „Globalisierung der Gleichgültigkeit“, der Papst Franzskus die „Globalisierung der Hoffnung“ entgegensetzt. In seiner Ansprache beim Welttreffen der Volksbewegungen in Santa Cruz de la Sierra / Bolivien am 9. Juli 2015 betonte der Papst: „Die Globalisierung der Hoffnung, die in den Völkern aufkeimt und unter den Armen wächst, muss an die Stelle der Globalisierung der Ausschließung und der Gleichgültigkeit treten!“ (http://de.radiovaticana.va/news/2015/07/10/volltext_wir_sagen_nein_zu_allen_formen_der_kolonialisierun/1157230; 27.12.2015. Das angeführte Papstzitat von Hernando de Soto gilt deshalb bis auf Weiteres als unbelegt.

240 Vgl. Laudato si 2015, Ziff. 93.

241 Vgl. z.B. ebenda, Ziff. 94.

242 Vgl. ebenda, Ziff. 51.

243 Ebenda, Ziff. 109.

244 Vgl. ebenda, Ziff. 114.

245 In diesem Zusammenhang sei nur auf den Begriff der „Wegwerfkultur“ verwiesen, etwa in ebenda, Ziff. 22f. Gemeint ist offensichtlich eine „Unkultur“ der nur kurzzeitigen Nutzung von Waren, die in kurzer Zeit so in Müll und Abfall verwandelt werden. Von „Kultur“, in welcher Form auch immer, kann also nicht gesprochen werden.

246 Vgl. Kongregation 1984; Greinacher 1985.

247 Vgl. Füssel 2015.

248 http://www.zeit.de/gesellschaft/zeitgeschehen/2015-06/papst-franziskus-umwelt-enzyklika-laudato-si; 01.11.2015.

249 Vogt 2015, 3.

250 Vgl. zum Folgenden ausführlich Does 2015.

251 KAB 2007, Octogesima adveniens, Ziff. 21 (Hervorhebung M.S.).

252 Vogt 2015, 3.

253 Vgl. Laudato si 2015, Ziff. 3-6.

254 Ebenda, Ziff. 19.

255 Vgl. Schäfers 1991.

256 Vgl. Laudato si 2015, Ziff. 7, wo Papst Franziskus auf diesen Zusammenhang ausdrücklich hinweist.

257 So führte etwa das Hilfswerk Misereor bereits im Jahr 2007 einen intensiven Dialog mit den Bischöfen der Kontinente über die Fragen von nachhaltiger Entwicklung. Ebenso beschäftigt sich z.B. seit vielen Jahren die Katholische Arbeitnehmer-Bewegung Deutschlands mit ökologischen Fragen, nachhaltiger weltweiter Entwicklung und Gerechtigkeitsfragen.

258 Vgl. Schmitthenner 1998.

259 Vgl. Laudato si 2015, Ziff. 92.

260 Vgl. Kap. 2: „Wasser und Megastädte: Die Verschlechterung der Lebensqualität“.

261 Laudato si 2015, Ziff. 30.

262 Generalversammlung 2010, 53.

263 Dies zeigt sich auch darin, dass Papst Franziskus so den nicht einklagbaren Rechtsanspruch der Resolution 64/292 zu einem generellen Recht auf Leben „ausweitet", dessen unabdingbare Voraussetzung das Menschenrecht auf Wasser als Teil eines umfassenden Menschenrechts auf Leben ist. Im Hinblick auf die Rechtsgeschichte und –entwicklung der Vereinten Nationen verweist „Laudato si" damit unmittelbar auf die „Allgemeine Erklärung der Menschenrechte" von 1948, Art. 3: „Jeder hat das Recht auf Leben, Freiheit und Sicherheit der Person." Gegen die Gesetze des Marktes, die Wasser in eine Ware verwandeln, setzt Papst Franziskus das Recht auf Leben. „Laudato si" 2015 fährt in Ziff. 30 entsprechend fort: „Diese Welt lädt eine schwere soziale Schuld gegenüber den Armen auf sich, die keinen Zugang zum Trinkwasser haben, denn das bedeutet, ihnen das Recht auf Leben zu verweigern, das in ihrer unveräußerlichen Würde verankert ist. Diese Schuld wird zum Teil beglichen durch mehr wirtschaftliche Beiträge zur Versorgung der ärmsten Bevölkerung mit klarem Wasser und Hygiene." Moralisch-sittlich, also juridisch wird das Menschenrecht auf Wasser aus der Schuld gegenüber den Armen hergeleitet, denen durch diese Schuld, die es zu begleichen gilt, das Recht auf Leben vorenthalten wird. Zur rechtlichen Stellung des Menschenrechts auf Wasser vgl. Barlow 2014, 43-76.

264 Vgl. ausführlich Barlow 2014.

265 Gemeingut 2012.

266 Barlow 2014, 151.

267 Laudato si 2015, Ziff. 49.

268 Vgl. Kap. „Ganzheitliche Ökologie: Alles hängt mit allem zusammen".

269 Clouthier 2015, 8.

270 Vgl. Does 2015, 1-2.

271 Vgl. Schäfers 1998, 403.

272 Vgl. http://de.radiovaticana.va/news/2014/12/23/ die_papstansprache_an_die_kurie/1115831; 01.08.2016.

273 Vgl. Schäfers 2014.

274 Vgl. http://www.spiegel.de/wissenschaft/mensch/paris-papst-soll-klimakonferenz-vor-dem-scheitern-bewahrt-haben-a-1067562.html; 02.08.2016.

275 Unvergessen sind bis heute die Bilder des Kniefalls Ernesto Cardinals in Managua, dem Papst Johannes Paul II. schroff eine Versöhnungsgeste verweigerte und ihn stattdessen maßregelnd aufforderte, sein Rolle innerhalb der Kirche zu klären. Der Spiegel stellte in seiner damaligen Berichterstattung fest: „In Nicaragua prallten Welten aufeinander. Die Machthaber hatten es versäumt, den Altar auf dem ‚Platz des 19. Juli' mit einem Kreuz zu versehen. Stattdessen prangten überall großflächige Bilder der Kommandanten der herrschenden linken Sandinistischen Nationalen Befreiungsfront FSLN. Junta-Chef Daniel Ortega sprach in seiner Begrüßungsrede viel von den Opfern und den Bedrohungen des nicaraguanischen Volkes und betonte: ‚Man kann gleichzeitig gläubig und ein Revolutionär sein.' Dem aber widersprach der Papst. Er erteilte der ‚Volkskirche' eine scharfe Absage: ‚Die Kirche muß einig bleiben, um den verschiedenen Formen des Materialismus, denen sie sich in

der Welt gegenübersieht, entgegentreten zu können.' Einzige Aufgabe der Priester sei es, ‚die Gläubigen auf das ewige Leben vorzubereiten'. Das mußte als Provokation, zumindest als Mangel an Verständnis wirken, als überholter pastoraler Konservativismus. ‚Wir wollen eine Kirche der Armen', skandierten die Massen. Westliche Zeitungen wie Bonns ‚Welt' beklagten das Verhalten der ‚roten Soldateska' von Managua, die den Papst einer ‚entwürdigenden Behandlung ausgesetzt' habe. Dagegen ein nicaraguanischer Jesuit: ‚Nicht die Regierung hat mit der Kirche gebrochen, die Kirche hat mit der Regierung gebrochen. Das war eine Kriegserklärung.' Und Bischof Sergio Mendez im mexikanischen Cuernavaca schalt den Heiligen Vater: ‚Er wußte, konnte oder wollte den Vorstellungen des Volkes nicht folgen.'" (Zitat entnommen: http://www.spiegel.de/spiegel/print/d-14020188.html; 02.08.2016). Der Bericht gibt eindrucksvoll das damalige vergiftete Verhältnis zwischen Teilen der römischen Amtskirche und der Revolutionsregierung in Managua wieder, dessen Hintergrund die Auseinandersetzung u.a. um die „Theologie der Befreiung" und deren angebliche Unterwanderung durch kommunistische bzw. sozialistische „Tendenzen" war.

276 Vgl. http://de.radiovaticana.va/news/2015/12/22/nicaragua_zeigt_sich_nach_papstaufruf_zu_dialog_bereit/1196069; 02.08.2016).

277 Vgl. http://www.taz.de/!5261251/; 02.08.2016.

278 http://www.eu2015lu.eu/de/actualites/communiques/2015/09/16-dieschbourg-pape/index.html; 05.08.2016).

279 Vgl. www.deutschlandfunk.de/der-papst-in-ecuador-der-radikale-umweltschuetzer.1773.de.html?dram:article_id=324805; 06.08.2016.

280 Der Wortlaut der Rede des Papstes bei den Vereinten Nationen in Nairobi vom 26. November 2016 und alle nachfolgend angeführten Zitate finden sich unter http://de.radiovaticana.va/news/2015/11/26/papst_franziskus_bei_der_uno/1189744; 05.08.2016.

281 Der Wortlaut der Rede des Papstes im Armenviertel Kangemi vom 27. November 2016 und alle angeführten Zitate finden sich unter http://de.radiovaticana.va/news/2015/11/27/papstansprache_bei_dem_besuch_im_elendsviertel_kangemi/1189827; 05.08.2016.

282 Vgl. http://www.zeit.de/wirtschaft/2015-11/klimakonferenz-paris-laudato-si-enzyklika-papst-klimaschutz; 04.08.2016)

283 Vgl. http://www.kathpress.at/goto/dossier/1329485/un-klimagipfel; 01.08.2016.

284 Vgl. https://www.domradio.de/themen/soziales/2015-11-28/kirchlicher-beistand-fuer-weltklimakonferenz; 02.08.2016.

285 Vgl. die Zusammenfassung unter https://www.domradio.de/themen/soziales/2015-11-28/kirchlicher-beistand-fuer-weltklimakonferenz; 02.08.2016.

286 Vgl. Kommission COMECE 2015.

287 Vgl. ebenda, 6.

288 Ebenda, 7.

289 https://www.domradio.de/themen/sch%C3%B6pfung/2015-12-10/wie-franziskus-die-un-konferenz-paris-beeinflusst; 01.08.2016.

290 Vgl. mit entsprechenden Bilder der Installation http://www.bild.de/politik/ausland/un-klimakonferenz/lichtspektakel-am-petersdom-43719334.bild.html; 01.08.2016. Die gesamte Veranstaltung auf dem Petersplatz ist zu sehen unter https://youtu.be/Wrkkyw1D7KA;01.08.2016.

291 Der Wortlaut der Rede findet sich unter http://www.osservatore-romano.de/inhalte.php?jahrgang=2015&ausgabe=50&artikel=4; 02.08.2016. Alle nachfolgenden Zitate ebenda.

292 Ein Überblick verschiedener Positionen findet sich unter https://www.wikiwand.com/de/UN-Klimakonferenz_in_Paris_2015; 19.08.2016.

293 Laudato si 2015, Ziff. 174.

294 Vgl. http://de.radiovaticana.va/news/2016/11/17/klimagipfel_katholische_kirche_kann_viel_bewegen/1272916; 18.11.2016.

Literatur

Akademie Solidarische Ökonomie (Hg.), (2012): Kapitalismus und dann? Systemwandel und Perspektiven gesellschaftlicher Transformation, München.

Alt, Franz (1999): Der ökologische Jesus. Vertrauen in die Schöpfung, München.

Alt, Jörg / Väthröder, Klaus (2014): Arme Kirche – Kirche für die Armen: Ein Widerspruch?, Würzburg.

Barlow, Maude (2014): Blaue Zukunft. Das Recht auf Wasser und wie wir es schützen können, München.

Beise, Marc (2013): Der Papst irrt, in: Süddeutsche Zeitung vom 30. November 2013.

Berger, Jens (2014): Wem gehört Deutschland? Die wahren Machthaber und das Märchen vom Volksvermögen, Frankfurt.

Boff, Leonardo (2010): Die Erde ist uns anvertraut: Eine ökologische Spiritualität, Kevelaer.

Boff, Leonardo (2012): Zukunft für Mutter Erde: Warum wir als Krone der Schöpfung abdanken müssen, München.

Boff, Leonardo (2013): Achtsamkeit: Von der Notwendigkeit, unsere Haltung zu ändern, München.

Boltanski, Luc / Chiapello, Eve (2006): Der neue Geist des Kapitalismus, Konstanz.

Brown, Wendy (2015): Die schleichende Revolution. Wie der Neoliberalismus die Demokratie zerstört, Berlin.

Bruhn, Jürgen (2012): Okkupierte Welt. Wie der Kapitalismus das Leben bedroht und die Welt zerstört, Hamburg.

Castel, Robert / Dörre, Klaus (Hg.) (2009): Prekarität, Abstieg, Ausgrenzung. Die soziale Frage am Beginn des 21. Jahrhunderts, Frankfurt.

Cloutier, David (2015): Reading, Praying, Living Pope Francis's Laudato Sì: A Faith Formation Guide, Minnesota.

Coll, Steve (2012): Private Empire: ExxonMobil and American Power, New York.

Crary, Jonathan (2014): 24/7. Schlaflos im Spätkapitalismus, Berlin.

Das Menschliche (2015): Christ in der Gegenwart, 67 (2015), 13. September 2015.

Datta, Asit (2013): Armutszeugnis. Warum heute mehr Menschen hungern als vor 20 Jahren, München.

Davis, Mike (2007): Planet der Slums, Berlin / Hamburg.

Dierksmeier, Claus (2015): Nicht nur grün! Die wahre Buntheit der Enzyklika „Laudato si, in: Heder Korrespondenz 8/2015: 49-51.

Does, Karl Heinz (2015): Papst Benedikt XVI. und die Ökologie (http://www.kab.de/fileadmin/user_upload/kab_de/Fotos/Themen/kirche/Benedikt_XVI_oekologische_Fragestellung_Does.pdf; 10.01.2016).

Edenhofer, Ottmar / Flachsland, Christian (2015a): Laudato si' – Die Sorge um die globalen Gemeinschaftsgüter, in: StdZ 9/2015: 579-591.

Edenhofer, Ottmar (2015b): Entstellte Erde, in: DIE ZEIT Nr. 26/2015, 25. Juni 2015 (http://www.zeit.de/2015/26/klimawandel-armut-enzyklika-ottmar-edenhofer; 21.05.2016).

Emunds, Bernhard / Hockerts, Hans Günter (Hg.) (2015): Den Kapitalismus bändigen. Oswald von Nell-Breunings Impulse für die Sozialpolitik, Paderborn.

Endlicher, Wilfried (2012): Einführung in die Stadtökologie. Grundzüge des urbanen Mensch-Umwelt-Systems, Stuttgart.

Evangelii gaudium (2013): Apostolisches Schreiben des Heiligen Vaters Papst Franziskus, hrsg. von Sekretariat der Deutschen Bischofskonferenz, Bonn.

Fendel, Peter / Kern, Benedikt / Ramminger, Michael (Hg.), (2014): Tun wir nicht, als sei alles in Ordnung! – Eine politisch-theologischer Kommentar zur Evangelii gaudium, Münster.

Fleischmann, Christoph (2010): Gewinn in alle Ewigkeit, Kapitalismus als Religion, Zürich.

Frick, Joachim R. / Garbka, Markus M. / Hauser, Richard (2010): Die Verteilung der Vermögen in Deutschland: Empirische Analysen für Personen und Haushalte, Berlin.

Fromm, Erich (2005): Vom Haben zum Sein. Wege und Irrwege der Selbsterfahrung, München.

Füssel, Kuno / Ramminger, Michael (2015): Kritik des Götzendienstes und des Fetischismus in der Theologie der Befreiung und bei Papst Franziskus, in: Segbers, Franz / Wiesgickl, Simon (Hg.): Diese Wirtschaft tötet. Kirchen gemeinsam gegen Kapitalismus, Hamburg: 76-90.

Gemeingut in BürgerInnenhand (Hg.) (2012), ...nicht für Profit. FAME 2012 – Alternatives Weltwasserforum. Ausgewählte Beiträge aus Marseille, 13.-17. März 2012, Berlin.

Glasze, Georg (2001): Geschlossene Wohnkomplexe (gated communities): „Enklaven des Wohlbefindens" in der wirtschaftsliberalen Stadt, in: Roggenthin, Heike (Hg.): Stadt – der Lebensraum der Zukunft? Gegenwärtige raumbezogene Prozesse in Verdichtungsräumen der Erde, Mainz: 39-55 (http://www.staff.uni-mainz.de/glasze/Publikationen/Glasze_geschlossene_Wohnkomplexe.pdf; 10.01.2016).

Glasze, Georg (2012): Gated community, in: Marquart, Nadine / Schreiber, Verena (Hg.): Ortsregister: Ein Glossar zu Räumen der Gegenwart, Bielefeld: 126-132.

Grabka, Markus M. / Goebel, Jan / Schröder, Carsten / Schup, Jürgen (2016): Schrumpfender Anteil an BezieherInnen mittlerer Einkommen in den USA und Deutschland, in: DIW Wochenbericht 18.2016: 391-402.

Greinacher, Norbert (Hg.) (1985): Konflikt um die Theologie der Befreiung – Diskussion und Dokumentation; Einsiedeln.

Grözinger, Robert (2013): Wie der Papst in Wirtschaftsfragen irrt, in: FAZ vom 30. Dezember 2013 (http://www.faz.net/aktuell/wirtschaft/wirtschaftswissen/kapitalismuskritik-wie-der-papst-in-wirtschaftsfragen-irrt-12730815-p4.html; 11.09.2015).

Gruen, Arno (2015): Wider den Gehorsam, Stuttgart.

Habermas, Jürgen (1985): Die neue Unübersichtlichkeit. Kleine Politische Schriften V, Frankfurt.

Hartmann, Kathrin (2015): Aus kontrolliertem Raubbau. Wie Politik und Wirtschaft das Klima anheizen, Natur vernichten und Armut produzieren, München.

Hartmann, Michael (2002): Der Mythos von den Leistungseliten. Spitzenkarrieren und soziale Herkunft in Wirtschaft, Politik, Justiz und Wissenschaft, Frankfurt, New York.

Hartmann, Michael (2007): Eliten und Macht in Europa. Ein internationaler Vergleich, Frankfurt.

Hartmann-Schäfers, Mechthild (2015): Die Wasserfrage in der Enzyklika „Laudato si" (download unter http://www.kab.de/fileadmin/user_upload/kab_de/Fotos/stiftung_zass/Die_Wasserfrage.pdf; 16.09.2015).

Harvey, David (2013): Rebellische Städte. Vom Recht auf Stadt zur urbanen Revolution, Berlin.

Harvey, David (2015): Siebzehn Widersprüche und das Ende des Kapitalismus, Berlin.

Held, David (2007): Soziale Demokratie im globalen Zeitalter, Frankfurt.

Hengsbach, Friedhelm (2015): Teilen, nicht töten, Frankfurt.

Hermann, Ulrike (2013): Der Papst und das Kapital, in: taz vom 25.12.2013 (http://www.taz.de/!5052322/; 17.12.2015).

Houtart, François / Rousseau, André (1973): Ist die Kirche eine antirevolutionäre Kraft?, München.

Hoz, Paloma Fernández de la (2015): Über die Sorge für das gemeinsame Haus. Kommentar zur Enzyklika „Laudato si " von Papst Franziskus, Wien (http://www.ksoe.at/ksoe/images/publikationen/kommentar_laudato_si_fdelahoz.pdf; 18.02.2016).

Katholische Arbeitnehmer-Bewegung (Hg.) (2007): Texte zur katholischen Soziallehre. Die sozialen Rundschreiben der Päpste und andere kirchliche Dokumente, Köln, Kevelaer.

Klein, Naomi (2015): Die Entscheidung – Kapitalismus vs. Klima, Frankfurt.

Kommission der Bischofskonferenz der Europäischen Gemeinschaft (COMECE) (2015): Die Zeit der Umkehr ist gekommen..., Brüssel.

Kongregation für die Glaubenslehre (1984): Instruktion über einige Aspekte der „Theologie der Befreiung", Rom (http://www.vatican.va/roman_curia/congregations/cfaith/documents/rc_con_cfaith_doc_198408 06_theology-liberation_ge.html; 30.12.2015).

Kruip, Gerhard (2015a): Die neue Umwelt-Enzyklika des Papstes: Ein dramatischer Apell, in: Herder Korrespondenz 7/2015: 13-16.

___
Kruip, Gerhard (2015b): Buen Vivir – Gut leben im Einklang mit Mutter Erde. Das kulturelle Erbe der Indigenen und die Suche nach einem anderen Fortschritt in Laudato si', in: Amosinternational 4/2015, 11-18.

___
Laborem exercens: KAB 2007: 529-601.

___
Langer, Annette (2015): Amazonas-Bischof zur Öko-Enzyklika: „Es geht ums nackte Überleben" (http://www.spiegel.de/panorama/gesellschaft/enzyklika-von-papst-franziskus-bischof-kraeutler-ueber-das-oeko-rundschreiben-a-1039446.html; 13.05.2016).

___
Laubach, Thomas / Wahl, Stefanie A. (Hg.), (2014): Arme Kirche? – Die Botschaft des Papstes in der Diskussion, Freiburg, Basel, Wien.

___
Laudato si (2015): Enzyklika von Papst Franziskus über die Sorge für das gemeinsame Haus, hrsg. von Sekretariat der Deutschen Bischofskonferenz, Bonn.

___
Lehmann, Karl (2013):Was ist dran an der päpstlichen Kapitalismuskritik?, in: Zeit Online vom 05. Dezember 2013 (http://www.zeit.de/gesellschaft/zeitgeschehen/2013-12/evangelii-gaudium-papst-franziskus; 13.09.2015).

___
Mankell, Henning (2015): Treibsand. Was es heißt, ein Mensch zu sein, Wien.

___
Mason, Paul (2016): Postkapitalismus. Grundrisse einer kommenden Ökonomie, Berlin.

___
Meyer, Thomas (2009): Soziale Demokratie. Eine Einführung, Wiesbaden.

___
Meyer, Thomas / Hinchman, Lew (Hg.) (2005): Theorie der Sozialen Demokratie, Wiesbaden.

___
Misereor / KEB / Stiftung ZASS (Hg.) (2016): ÜberLebensMittel Wasser - wie wir mit unserer elementaren Ressource umgehen (sollten), Aachen.

___
Mittelbach, Hans (2013): Lohn- und Kapitaleinkommen in Deutschland 1990 bis 2010: Zur Kritik neoklassischer und neoliberaler Modelle, Köln.

___
Möhring-Hesse, Matthias (2015a): Solidarische Gefahren. Oswald von Nell-Breunings sozialpolitischer Impuls für die Gegenwart, in: Emunds 2015, 241-261.

___
Möhring-Hesse, Matthias (2015b): Gelobt seist Du, aber nicht die „jetzige Wirtschaft" – Zur Wirtschaftskritik in Franziskus´ Öko-Sozial-Enzyklika, in: Amosinternational 4/2015, 26-35.

___
Nell-Breuning, Oswald von (1982): Ist die Enzyklika „Laborem exercens" laboristisch?, in: StdZ 9/1982: 619-626.

___
Nell-Breuning, Oswald von / Sacher, Hermann (Hg.) (1958): Zur sozialen Frage, Freiburg.

___
Octogesima adveniens: in: KAB 2007: 457-493.

___
Ott, Hermann E. / Sachs, Wolfgang (2015): Die Umwelt-Enzyklika und ihre Wirkung auf die Klimapolitik - Wie viele Divisionen hat der Papst? in: politische ökologie, September 2015: 124-127.

___
Papst Franziskus (2015): Laudato si – Die Umwelt-Enzyklika. Ökumenisch kommentiert von Reinhard Kardinal Marx, Karin Göring-Eckardt, Metropolit Augoustinos. Sozialethisch kommentiert von Bernhard Emunds und Matthias Möhring-Hesse, Freiburg, Basel, Wien.

Peppard, Christiana Z. (2015): The Pope and Laudato Si': Is the Ecology Encyclical a Moral Analysis or a Political Indictment? (http://religionandpolitics.org/2015/06/24/the-pope-and-laudato-si-is-the-ecology-encyclical-a-moral-analysis-or-a-political-indictment/; 03.10.2015).

Piketty, Thomas (2014): Das Kapital im 21. Jahrhundert, München.

Politi, Marco (2015): Franziskus unter Wölfen. Der Papst und seine Feinde, Freiburg.

Publik Forum Dossier (2015): Höchste Zeit. Klimakrise: Die Politik, der Papst und die Menschheit. Worauf es ankommt, Oberursel.

Publik Forum Dossier(2014): Die Kraft der Armen. Radikal gegen den Kapitalismus: Papst Franziskus stärkt die Basisbewegungen. Zeugnisse einer denkwürdigen Konferenz, Oberursel.

Ribbe, Lutz (2015): Die Kardinalsfehler des Wirtschaftssystems – Vom Papst, dem IWF und Griechenland, in: politische ökologie, September 2015: 128-131.

Rieseberg, Hans Joachim (1998): Arbeit bis zum Untergang. Die Geschichte der Naturzerstörung durch Arbeit, München.

Rifkin, Jeremy (2010): Die Empathische Zivilisation. Wege zu einem globalen Bewusstsein, Frankfurt, New York.

Ronzheimer, Manfred (2016): Der große Umzug in die Megastädte, in: TAZ. Die Tageszeitung 29. April 2016: 18.

Rosa, Hartmut (2013): Beschleunigung und Entfremdung, Berlin.

Rousseau, Jean Jacques (2008): Diskurs über die Ungleichheit, Stuttgart.

Sassen, Saskia (2015): Ausgrenzungen – Brutalität und Komplexität in der globalen Wirtschaft, Frankfurt a.M.

Saunders, Doug (2011): Arrival City, Frankfurt, Zürich, Wien.

Schäfer, Christoph (2013), Was der Papst verschweigt, in: Frankfurter Allgemeine Zeitung (FAZ) vom 29. November 2013 (http://www.faz.net/aktuell/wirtschaft/franziskus-und-die-globalisierung-was-der-papst-verschweigt-12687456.html; 11.09.2015)

Schäfers, Michael (1991): „Rerum novarum" - Ergebnis der christlichen Sozialbewegung „von unten", in: Concilium. Internationale Zeitschrift für Theologie 27 (1991): 351-359.

Schäfers, Michael (1998): Prophetische Kraft der kirchlichen Soziallehre? – Armut, Arbeit, Eigentum und Wirtschaftskritik, Münster.

Schäfers, Michael (2012): Ein Volks von Schnäppchen-Jägern – Konsum und Arbeit, in: KAB (Hg.): Nachhaltig leben und arbeiten – Klug kaufen, Köln, S. 36-38.

Schäfers, Michael (2016): Wem gehört das Wasser? Water grabbing – no more! in: Misereor / KEB / Stiftung ZASS (Hg.), ÜberLebensMittel Wasser – wie wir mit unserer elementaren Ressource umgehen (sollten), Aachen: 37-41.

Schellnhuber, Hans Joachim (2015): Selbstverbrennung. Die fatale Dreiecksbeziehung zwischen Klima, Mensch und Kohlenstoff, München.

Schmitthenner, Ulrich (1998): Der Konziliare Prozess: Gemeinsam für Gerechtigkeit, Frieden und Bewahrung der Schöpfung. Ein Kompendium, Idstein.

Schneider, Ulrich (Hg.) (2015): Kampf um die Armut. Von echten Nöten und neoliberalen Mythen, Frankfurt.

Schor, Juliet B. (2016): Arbeitsumverteilung, in: D'Alisa, Giacomo / Demaria, Federico / Kallis, Giorgos (Hg.), Degrowth. Handbuch für eine neue Ära, München: 197-200.

Segbers, Franz (2015): Ökonomie, die dem Leben dient. Die Menschenrechte als Grundlage einer christlichen Wirtschaftsethik, Kevelaer.

Sekretariat der Deutschen Bischofskonferenz (Hg.) (2015): Gerechte Regeln für den freien Handel. Sozialethische Orientierungen für eine Transatlantische Handels- und Investitionspartnerschaft (TTIP). Stellungnahme eines von der Kommission für gesellschaftliche und soziale Fragen der Deutschen Bischofskonferenz berufenen Expertenkreises, Bonn.

Sen, Amartya (2000): Ökonomie für den Menschen. Wege zu Gerechtigkeit und Solidarität in der Marktwirtschaft, München.

Sen, Amartya (2010): Die Idee der Gerechtigkeit, München.

Simon, Klaus (2014): Zwickmühle Kapitalismus. Auswüchse und Auswege, Marburg.

Solschenizyn, Alexander (1970), Der Ulmenstamm, in: Im Interesse der Sache, Darmstadt / Neuwied.

Soto, Hernando de (1989): The Other Path. The Economic Answer to Terrorism, New York.

Soto, Hernando de (2002): Freiheit für das Kapital! Warum der Kapitalismus nicht weltweit funktioniert, Berlin.

Soto, Hernando de (2015): Der Papst irrt. In seiner Kapitalismuskritik hängt der Heilige Vater zu stark marxistischen Thesen an, in: ZeitOnline vom 03. Dezember 2015 (http://www.zeit.de/2015/47/papst-kapitalismuskritik-marxistische-thesen-hernando-de-soto; 17.12.2015).

Stiglitz, Joseph (2012): Der Preis der Ungleichheit. Wie die Spaltung der Gesellschaft unsere Zukunft bedroht, München.

Sutter, Peter (2011): Zeit für eine andere Welt. Warum der Kapitalismus keine Zukunft hat, Norderstedt.

Vogt, Joseph (2010/2011): Das Gespenst des Kapitals, Zürich.

Vogt, Markus (2015): Ein neues Kapitel der katholischen Soziallehre. Ganzheitliche Ökologie – eine Frage radikal veränderter Lebensstile und Wirtschaftsformen, in: Amos International 4/2015: 3-10.

Vollversammlung der Vereinten Nationen (2010): Resolution 64/292. Das Menschenrecht auf Wasser und Sanitärversorgung (http://www.un.org/depts/german/gv-64/band3/ar64292.pdf; 08.02.2016).

Wehler, Hans-Ulrich (2013): Die neue Umverteilung. Soziale Ungleichheit in Deutschland, München.

Welzer, Harald (2016): Die smarte Diktatur. Der Angriff auf unsere Freiheit, Frankfurt a.M.

Werner-Lobo, Klaus / Weiss, Hans (2014): Schwarzbuch Markenfirmen. Die Welt im Griff der Konzerne, Wien.

Zinn, Karl Georg (2015): Vom Kapitalismus ohne Wachstum zur Marktwirtschaft ohne Kapitalismus, Hamburg.

work in progress „Zuversicht“ | Steatitt | 2016

Kunstwerke in diesem Buch – über die Künstlerin

Mechthild Hartmann-Schäfers, Dipl.-Päd., wissenschaftliche Referentin der Stiftung „Zukunft der Arbeit und der sozialen Sicherung“ (ZASS) der Katholischen Arbeitnehmer-Bewegung (KAB) Deutschlands, Leitung zahlreicher Bildungs- und Kulturprojekte. Aus- und Fortbildungen in den Bereichen Druckgraphik, Bildhauerei und Collagen. Seit 2001 Ausstellungen im In- und Ausland. Mitglied im Künstlerforum SCHAUFENSTER Erftstadt. Mehr unter: www.hartmann-schaefers.de

Impressum

Wie Papst Franziskus Politik macht
Zur Sozialenzyklika „Laudato si"

ISBN: 978-3-944427-21-8

Bezugsquelle:

KETTELER-Verlag GmbH,

Niederlassung Waldmünchen

Schlosshof 1, 93449 Waldmünchen

Tel: 09972 9414-51

kontakt@ketteler-verlag.de | www.ketteler-verlag.de

Druck: Mainz, Aachen

Papier Innenteil ausgezeichnet mit dem blauen Umweltengel, Gesamtproduktion mit CO2 Zertifikat

Bibliografische Information der Deutschen Nationalbibliothek

Die Deutsche Nationalbibliothek verzeichnet diese Publikation in der Deutschen Nationalbibliografie; detaillierte bibliografische Daten sind im Internet abrufbar über http://dnb.dnb.de

Fotos/Gestaltung

Umschlagfoto: Jeffrew Bruno, NY, USA (Wikimedia)

Fotografie der Kunstwerke/Gesamtgetaltung: Winfried Kock

Winfried Kock, Dipl.-Designer, Social Groupworker (IASWG), Kooperateur in der Agentur medien|pool-aachen, wissenschaftlicher Mitarbeiter der FH Aachen (Hochschuldidaktik), arbeitet seit über 20 Jahren in der kreativen Bildungsarbeit. Mehr unter: www.winfriedkock.de